내향인만의 무기

무한한 꿈을 실현하는 내면의 에너지

내향인만의 무기

The Introvert's Guide To Success In The Workplace

마이크 벡틀 지음 ┃ 정성재 옮김

유노
북스

내향인에게
새로운 패러다임이
필요하다

　새벽 5시, 집 근처 스타벅스에 도착한다. 방해받지 않고 글을 쓰기 좋은 곳이라 자주 찾는다. 드라이브 스루가 가능한 지점이라 대부분의 손님은 차를 타고 밖에 있을 테니 매장 내부는 사실상 내가 독점하는 셈이다. 그래서 이곳을 좋아한다. 내게 이른 아침은 고요함을 즐기는 시간이자 하루를 지탱할 에너지를 모으는 시간이다. 여기까지 운전해서 올 때 하늘은 어두웠고 도로도 그다지 막히지 않았다.

　주문하면서 점원과 몇 마디를 주고받는다. 그녀는 말할 때 미소를 짓는다. 짧지만 따뜻하고 인간적인 교류다. 이렇게 이른 시간에도 계산대 뒤쪽은 시끄럽고 분주하다. 바리스타들은

1.25배속으로 움직이며 손님들의 하루를 책임질 카페인을 선사한다. 커피 도구들이 딸깍거리고 스팀이 쉭쉭거리는 동안 대화가 끊임없이 이어진다. 커피를 들고 평소 자주 앉는 창가 테이블로 간다. 세상이 깨어나는 모습을 볼 수 있는 곳이다. 역시 좌석이 마련돼 있는 쪽은 훨씬 조용하다. 지평선 너머로 떠오르는 태양을 보며 여유로운 세상을 음미한다. 내 하루가 회의와 대화, 생산적이고 도전적인 일로 가득하리라는 사실을 잘 알지만 하루를 천천히 시작하면 그 모든 것을 감당해 낼 수 있다. 마치 오늘 하루를 준비하기 위해 감정 주유소에 들러 내 감정 탱크를 꽉 채운 기분이다.

잠시 후 카페에서 음악이 흘러나와 정적을 깨뜨리고 나의 즐거운 고독을 방해한다. 물론 나는 음악이 나오는 상황에 대비가 돼 있다. 어느 때처럼 고요함 속에서 정신을 집중하도록 돕는 비장의 무기를 꺼낸다. 바로 노이즈 캔슬링 헤드폰이다.

나는 노이즈 캔슬링 헤드폰을 발명한 사람이 조용한 환경에서 최상의 성과를 내는 내향적인 사람일 것이라고 생각해 왔다. 그런데 알고 보니 발명의 주인공은 1978년 비행기를 탄 어느 음향 엔지니어였다. 당시 승객들에게는 음악을 들을 수 있도록 간단한 헤드폰이 제공됐는데 객실의 소음이 너무 큰 나머지 음악 소리가 거의 들리지 않을 정도였다. 그래서 이 엔지니어는 주변 소음을 제거할 수 있을 만한 아이디어를 냅킨에 적었고, 그 아이디어가 결국 오늘날 우리가 사용하는 노이즈 캔슬링 기술로 발전했다. 그가 바로 아마르 보스 박사다. 비행기를 더 조용하게 만들 수는 없었기에 소음을 차단해 듣고 싶은 소리에 집중하는 방법을 찾아낸 것이다.

아니면 스쿠버 다이빙 장비를 떠올려 보자. 깊은 바닷속을 보고 싶다면 반드시 필요한 장비다. 물론 우리가 물고기가 된다면 모든 게 해결되겠지만 그런 일은 결코 일어나지 않는다. 외향성을 바라는 세상에서 일해야 하는 내향인은 비슷한 기분을 느낄지도 모른다. 사람들은 우리가 외향적인 사람이 돼 세상에 적응해야 한다고 생각하지만 그건 인간이 지느러미와 아가미를 발달시키는 것만큼이나 비현실적이다. 그 대신 우리는 현실을 받아들이고 낯선 환경에서 제구실하기 위한 새로운 방법을 찾아내면 된다.

우리는 물고기가 아니며 외향적인 사람도 아니다. 우리는 내향적인 사람이다. 우리는 탁월한 성과를 내며 직장 생활을 해 나가는 데 필요한 모든 것을 갖추고 있다. 우리의 임무는 성장해서 최고의 모습으로 거듭나는 것이며 이 책에서 그 방법을 배우게 될 것이다!

내향성은 고쳐야 할
문제가 아니다

"아드님은 아무것도 할 수 없을 겁니다. 수줍음이 많거든요."

어린 시절 유치원 선생님이 부모님에게 하는 말을 들은 적이 있다. 유치원에 다닐 때의 기억은 별로 남아 있지 않지만 이 기억만큼은 아주 선명하다. 내가 옆에 서 있었는데도 그런 이야기를 했다는 게 조금 충격적이었다. 선생님은 내가 너무 어려서 알아듣지 못할 것이라 생각한 듯했다. 대화가 계속된 것은 확실하지만 그 뒤의 내용을 들은 기억은 없다. 5살이었던 내가 그 대화를 어떻게 받아들였는지만 생각난다.

'성공한 인생을 살고 싶다면 수줍음이 많아서는 안 된다.'

'수줍음'이 무슨 뜻인지 잘 몰랐지만 좋게 들리지는 않았다. 내게 뭔가 고쳐야 할 문제가 있다는 뜻으로 느껴졌다. 개선할 수 없는 영구적인 문제처럼 들렸다. 내 인생 전체를 못난 인생으로 만들 듯한 단점으로 들렸다.

어린 시절의 이 말들은 시간이 지나면서 내 정체성이 됐다. 아무것도 몰랐기에 괴로움을 느끼지도 않았다. 나는 그저 다른 아이들과 같은 부류에 속하지 않는다고 생각할 뿐이었다. 그들은 곧 '승리자'였다. 활달하고 상냥하며 따뜻한 이 아이들은 비슷한 아이들과 함께 시간을 보내곤 했다. 나는 더 조용하고 쉽게 적응하지 못하는 아이들, 즉 '패배자'들과 놀았다. 그들에게 이끌려서가 아니라 그 그룹이 내가 속한 곳이라고 느꼈기 때문이다.

심지어 유치원 선생님 같은 전문가가 내 자리를 공표했으니 내 느낌은 틀리지 않았을 것이다. 나는 내가 수줍음이 많다고 믿었기 때문에 다른 사람들도 나를 그렇게 여길 것이라고 생각했다. 모두가 나를 두고 분명 '걔 부끄럼쟁이야', '걔랑 친구하기 싫어'라고 생각할 것만 같았다. 어린아이가 짊어지기에는 너무 큰 부담이었으나 당시 나는 다른 방도가 있다는 사실을 알지 못했다.

5학년 때의 일이다. 체육 시간에 팀을 둘로 나눠 발야구를 하게 됐다. 각 팀의 주장이 돌아가며 원하는 사람을 뽑았고, 내가 마지막으로 남고 말았다. 좋은 소식은 두 주장이 나를 두고 싸웠다는 것이며 나쁜 소식은 그 둘이 나를 데려가지 않으려고 싸웠다는 것이다. 둘 중 한 명이 말했다.

"너희가 데려가."

그러자 상대편 주장이 대답했다.

"아니야 괜찮아. 너희가 데려가도 돼."

기분이 언짢았지만 예상하지 못한 건 아니었다. 나는 그동안 우리 반에서 가장 서열이 낮다고 생각했는데 그 생각이 틀리지 않았다는 것만 확실해졌다. 내가 인식하고 있던 대로 현실이 된 셈이다. 모든 일이 이런 식이었고 내가 할 수 있는 일은 없었다.

나는 단지 조용한 사람일 뿐이라며 자기 합리화했다.

　이는 한편으로 내가 더 활달해질 수 없기에 절대 성공하지 못한다는 뜻이기도 했다. 학교에서 외향적인 아이들이 친구를 잘 사귀고 기회를 잘 잡으면서 성공적으로 학교생활을 하는 모습을 보며 나는 저렇게 될 수 없다는 것을 깨달았다. 나는 답답한 마음이 들었고, 세상이 공평해 보이지 않았다. 변하고 싶었지만 그럴 수 없다는 사실을 알고 있었다. 유치원 선생님의 말이 그 증거였다.

　고등학교에 입학하고 나서는 살아남기 위한 몇몇 대응 방법을 배웠다. 내 내면은 변함없이 조용했지만 좋은 친구를 사귀고 이들과 교류하는 법을 깨달았다. 물론 이 그룹 밖에서는 여전히 어색함을 느꼈다. 인기가 많은 친구들은 외향적인 듯했는데 나는 좀 더 사색적인 편이었다. 외향적인 친구들과 대화를 나눌 때면 나는 빠르게 대답을 떠올리느라 항상 힘겨워했다. 그들이 뭔가 이야기하면 나는 잠시 멈춰 내가 할 말을 머릿속으로 먼저 정리해야만 했다. 이렇게 머뭇거릴 때마다 불안을 느꼈고, 자신을 향한 선입견은 강화될 뿐이었다.

　미식축구 선수였던 한 친구가 내게 질문을 했을 때가 떠오른다. 대답을 정리하는 데 몇 초가 걸렸는데 너무 오래 걸렸는지 그 친구가 이렇게 말했다.

"생각하고 있는 걸 왜 바로 말하지 않는 거야? 그냥 뱉어 봐!"

그러자 오히려 내 머릿속은 깜깜해졌다. 고개를 저으며 떠나가던 그의 모습이 아직도 생생하다. 나는 30초 정도가 지나서야 완벽하고 재치 있는 대답을 준비했다. 물론 그는 이미 떠나고 없었다.

외향적인 사람들은 대체로 더 빠르게 생각하며 그 생각을 말로 표현하면서 정리한다. 반면 나처럼 내성적인 사람들은 더 깊게 생각하며 먼저 생각을 마친 뒤에 어떻게 말할지를 정리하는 편이다. 나는 친구와의 대화에서 생각을 마치지 못했고 그는 생각을 시작하지 못했던 것이다.

아주 어릴 때의 경험은 자아상의 토대가 된다. 내향적인 사람은 외향적인 사람과 너무 자주 비교당하면 스스로를 열등하고 변화가 필요한 존재로 인식하게 된다. 반면 내향적인 사람이 칭찬을 받고 자라면 처음부터 자신의 내향성을 건강하게 인식하게 된다.

다행히도 열등감은 나이에 상관없이 진실을 충실하게 마주함으로써 극복할 수 있다. 이게 바로 이 책에서 줄곧 다루고자 하는 것이다. 우리는 부정확한 패러다임에 맞서고 이를 대신할 올바른 패러다임을 제시할 것이다. 만약 당신이 여전히 더 외향적으로 변해야 한다고 느낀다면 그 끝에는 좌절과 실패가 기다릴 뿐이다. 반면 내향성을 발견하고 포용하는 것은 자신의 정체성과 삶의 목표를 찾을 수 있는 가장 빠른 길이다. 당신은 곧 자유로워질 것이다.

내향인만의
유창함이 있다

나는 내가 내향적인 사람인 게 너무 좋다. 진심으로 내가 다른 모습이 되기를 바라지 않는다. 항상 그런 것은 아니었다. 외향적인 사람들로 가득해 보이는 세상에서 내향적인 사람으로 성장하는 건 쉽지 않았다. 다른 사람들처럼 자신감 넘치고 외향적이며 매력적인 사람이 되고 싶었다. 하지만 동물원의 원숭이 우리에 섞인 나무늘보처럼 내게는 어울리지 않다고 느껴졌다.

우리가 자란 세상에서는 성공한 사람들이 무슨 말을 해야 할지 정확히 알고 이를 매끄럽게 표현하는 모습을 볼 수 있다. TV에는 유창하게 말을 잘하는 토크 쇼 진행자, 정치인, 연예인이 등장한다. 영업 사원, 조직의 리더, 변호사, 심지어 미용사도 한번에 몇 시간 동안 어렵지 않게 대화를 나눈다. 외향적인 사람들은 말을 잘하기 때문에 우리는 가장 많이 들어야 하는 사람들이기도 하다. 그래서 이 세상이 외향적인 사람들의 세상처럼 느껴지는 것이다.

하지만 나를 제외한 모든 사람이 외향적으로 보여도 실은 그렇지 않다. 연구에 따르면 전 세계 인구 중 내향적인 사람의 비율은 최대 50퍼센트라고 한다. 즉 우리처럼 내향적인 사람의 수는 외향적인 사람의 수와 비슷하며 우리가 결코 소수가 아니라는 뜻이다. 우리는 말하기보다는 생각을 더 많이 하기 때문에 눈에 띄지 않을 뿐이다.

우리는 '침묵'에 유창하다. 외향적인 사람들이 대화를 주도할 때면 마치 그들이 다수를 차지하는 듯 보이고 그럴수록 우리가 불리하다는 느낌을 받을 수 있다. 심지어 겉으로 드러나는 것만 보고 우리는 잘못된 기질을 타고났으며, 성공에 필요한 자질을 갖추지 못했다고 판단할지도 모른다.

이 책은 그런 인식에 정면으로 맞선다. 우리가 갖고 있는 기질로도 인생을 성공적으로 헤쳐 나가고 세상에 굉장한 영향력을 발휘할 수 있다. 우리는 외향적인 사람들과 경쟁할 필요가 없다. 그저 열심히 성장해 이 행성에 함께 살아가는 사람으로서 마땅한 가치를 인정받으면 된다.

내향적인 사람들의 대부분은 아직 이런 관점을 이해하지 못한다. 다른 사람들만큼 외향적이지 않기 때문에 자신이 부족하다고 생각한다. 하지만 이런 인식은 결코 진실이 아니며 자신을 해칠 뿐이다. 인식을 바꿀 때가 왔다.

이제는 완전히 새로운 패러다임, 즉 내향적인 사람만이 세상에 가져다줄 수 있는 고유한 기여와 가치를 인정하는 패러다임이 필요하다. 우리가 외향적인 사람이 되려고 애쓸수록 우리만 제공할 수 있는 것을 모두가 놓치게 되는 셈이다. 이제는 비교에서 기여로 눈을 돌려야 한다. 이제부터 우리만이 기여할 수 있는 게 무엇이며 이를 어떻게 실현하는지 알아보도록 하자.

내향인은
무한한 가능성을
가진 존재다

그때 그 장면은 아직도 머릿속에 생생하다. 당시 워낙 강렬한 감정을 느꼈기 때문이다. 내가 속해 있던 팀의 구성원이 모두 모여 새로운 리더의 비전을 듣는 자리였다. 10명 정도가 길쭉한 직사각형 테이블 주위에 앉아 있었는데 내 자리는 새로운 리더 바로 옆의 앞쪽 구석이었다. 그녀는 일어서서 질문을 던졌고 플립 차트에서 아이디어를 포착하거나 팀에서 나온 아이디어를 분석했다. 회의는 매우 흥미진진했다. 그녀가 회의를 이끄는 방식도 매력적이었으며 우리 팀의 경험을 존중한다는 게 여실히 느껴졌다.

나는 그 자리에서 나오는 여러 아이디어를 잘 듣고 그에 대해

방대한 양의 메모를 남기고 있었다. 회의는 고무적이었다. 우리가 나아가는 방향은 물론이고 우리의 빠른 템포와 시끌벅적한 에너지까지 모두 좋았다. 내가 이 회의를 정리하고 소화하려면 회의가 끝난 후에 며칠은 아니더라도 몇 시간은 더 필요해 보였다. 회의가 끝나 갈 무렵 새로운 리더가 나를 보며 말했다.

"마이크는 정말 말이 없으시군요. 무슨 생각하고 계신가요?"

순간 나는 멍해졌고 금세 공포의 파도가 몰려들었다. 나는 최선을 다해 회의에 참여하되 말하기보다는 듣는 데 집중하고 있었다. 오간 이야기들을 일단 전부 듣고 충분히 검토해 내 의견을 정리하려고 했다. 그러나 그 순간 나는 완전히 속수무책이었다. 회의실은 조용해졌고 모두가 대답을 기다리며 나를 바라보고 있었다. 뭔가 재치 있는 대답으로 새로운 리더에게 좋은 인상을 남기고 싶었지만 내 재치 저장고는 텅 빈 상태였다.

1~2초 정도 침묵이 흐른 뒤 나는 그날 회의와 관련은 있지만 별 영향력은 없는 대답을 웅얼거렸다. 당연히 그녀는 플립 차트에 내가 한 말을 적지 않았다. 그 1~2초의 시간이 내게는 영겁처럼 느껴졌다. 회의실을 나설 때 내 머릿속에는 그날 들은 열정 넘치는 아이디어도, 우리 팀의 장래도 없었다. 나는 형편없는 능력을 자책함과 동시에 새로운 리더가 나를 어떻게 여길지 혼자 상상에 빠지고 있었다.

수년간 기업에 몸담고 있으면서 주위 환경에 상관없이 나와 비슷한 경험을 한 사람들을 많이 만나 함께 일해 왔다. 내향적인 건설 노동자의 불만은 현장에서 아침 회의를 할 때 편안해 보이는 다른 사람들과 달리 자신이 회의에 제대로 참여하기 위해서는 훨씬 많은 에너지가 필요하다는 것이었다. 내향적인 소매점 영업 사원은 모두가 함께 일하는 개방적인 공간에서 통화를 하며 하루를 보내야 하지만, 이런 상황에 지쳐 아무도 엿들을 수 없는 빈 회의실로 도망치고 싶어 한다는 것이었다. 일을 마치고 동료들끼리 회식을 하게 되면, 특히 사람이 많고 시끄러운 곳에 가게 되면 내향적인 사람은 그냥 집에 가고 싶어진다.

"저 왜 이러는 걸까요? 왜 저는 더 외향적이고 사교적인 사람이 될 수 없는 거죠?"

내향적인 사람들에게 수도 없이 들어 본 말이다. 이들은 사람을 싫어하지 않으며 사실 함께 일하는 동료들을 좋아한다. 단지 외향적인 사람들이 갑자기 늘어나면 금방 기운이 바닥날 뿐이다. 내향적인 사람들은 외향적인 척하고, 소통을 즐기는 척하는 경우가 많지만 그럴수록 오히려 더 지치기만 한다. 나 역시 비슷하게 생각했던 적이 있고 당시 선택의 여지는 2가지밖에 없어 보였다.

'나 자신을 바꾸기 위해 노력한다.'

'내 한계를 받아들이고 포기한다.'

하지만 둘 중 어느 쪽도 바람직해 보이지 않았다. 기질을 바꾸려면 너무 고생스러울 것 같았고, 포기하자니 말 그대로 다 포기해 버리는 것 같았다. 내게는 다른 해결책이 필요했다. 나 자신을 그대로 지키면서도 어떤 환경에서든 성공할 수 있는 방법 말이다. 바로 이곳이 내 여정의 시작점이자 당신과 함께 가고자 하는 곳이다.

내향성이 외향성의 부정형이라는 오해

내향적인 사람이라는 말을 처음 접했던 때가 떠오른다. 당시에는 이 용어가 많이 사용되지 않았기 때문에 내게도 상당히 생소했다. 정의를 찾아보니 다음과 같았다.

"조용한 환경을 좋아하거나, 제한적으로 사회와 교류하거나, 고독을 크게 선호하는 사람."

"주로 자신의 생각과 감정을 중시하는 것이 특징인 사람."

내 마음을 부정적이지 않은 단어로도 표현할 수 있다는 사실을 이때 처음 알았다. 그동안 이런 마음을 안 좋게 느끼고 극복하려 노력했는데 이제는 그저 내 방식이자 평범한 것으로 느낄 수 있게 됐다.

알고 보니 내향성에 대한 연구는 100년도 더 전부터 이뤄지고 있었다. 하지만 대부분의 연구에서 동일하게 전제하는 가정이 있었다. 외향성은 긍정적이고 바람직한 반면 내향성은 부정적이고 바람직하지 않다는 것이었다. 예를 들어 수많은 연구에서 사용된 측정 척도를 보면 외향적인 행동은 상단(바람직함)을 차지하고 내향적인 행동은 하단(바람직하지 않음)에 자리해 있었다. 즉 한쪽 끝에는 '이상(理想)'이 있었고 다른 쪽 끝에는 '이상의 반대'가 있던 셈이다.

이는 마치 '바다로 떠나는 휴가가 산으로 떠나는 휴가보다 낫다'고 주장하는 것과 같다. 이런 척도를 고안한 사람은 아마 친구들과 함께 모래 위에 앉아 이렇게 말하고 있을 것이다.

"이보다 더 좋을 수는 없지."

그럼 누군가가 이렇게 이야기할 것이다.

"나는 산에서 보내는 휴가가 어떨지도 궁금한걸?"

그러자 모래 위의 무리는 이렇게 대답한다.

"지루하지! 도대체 누가 산에서 휴가를 보내려고 하겠어?"

이 척도는 바다에서 보내는 휴가가 좋다는 데 모두가 동의한다고 전제한다. 이런 기준을 따르니 다른 곳으로 떠나는 휴가의 점수는 낮게 매겨진다. 산으로 떠나는 휴가는 '바다로 떠나지 않는' 휴가이므로 재미 척도의 반대쪽 끝에 놓일 수밖에 없다.

1980년대 후반에도 여전히 내향성은 이런 식으로 여겨졌는

데, 비슷한 시기에 스티븐 코비 박사는 어떻게 이 사회가 성공의 기준으로 인격보다 성격을 더 중요시하게 됐는지를 밝혔다.

과거에는 한 사람을 평가할 때 얼마나 사교적이고 외향적인지가 아니라 얼마나 정직하고 겸손한지, 얼마나 용기 있고 인내심 있는지, 얼마나 근면한지 등을 기준으로 삼았다. 그러나 사람들은 외향적인 성격을 드러내면 더 나은 성과를 올릴 수 있음을 깨달았고 곧 외향성은 새로운 표준으로 자리 잡았다. 성공적인 삶, 성공적인 인간관계, 성공적인 비즈니스를 원한다면 더 외향적이고 친절한 척하면서 다른 사람들이 당신을 좋아하도록 만들어 보라는 것이었다. 내향성은 칭찬받을 만한 성질도 소중하게 인식되는 성질도 아니었다. 성격이 주된 평가 요소가 되면서 내향적인 사람들은 '외향적이지 않은 사람'으로 간주됐으며 이는 내향성이 고쳐야 할 대상이라는 뜻이기도 했다.

오해받는 사람에서
인정받는 사람으로

2003년에 조나단 로치는 잡지 〈애틀랜틱〉에 '내향성 보살피기'라는 제목의 글을 기고했다. 이 글은 입소문을 타고 널리 퍼졌다. 그는 이렇게 썼다.

"내향적인 사람은 꽤 흔할지도 모른다, 하지만 이들은 미국에서, 아니 어쩌면 전 세계에서 가장 억울하고 오해받는 사람들이기도 하다."

그의 글을 읽자마자 나는 공감했다. 마침내 누군가 내 내면의 수수께끼에 대한 해답을 전해 주는 듯했으며 내가 자랐던 애리조나 사막의 열기 속에서 얼음물 한 잔을 들이킨 것만 같았다.

비슷한 시기에 마티 올슨 래니가 내향적인 사람의 가치를 포괄적인 사례를 통해 조명한 거의 최초의 책인《내성적인 사람이 성공한다(The Introvert Advantage)》를 출간했다. 이후 수잔 케인이〈테드 토크〉에서 '내성적인 사람들의 힘'이라는 제목의 강연을 선보였으며, 이 강연은 10년이 넘게 지난 지금도 모든 테드 토크 강연을 통틀어 조회 수 상위권에 랭크돼 있다. 후속 활동으로 2012년에 베스트셀러《콰이어트(Quiet)》를 펴내며 그녀는 그동안 주목받지도, 인정받지도 못했던 수많은 내향인에게 큰 감동을 선사했다.

그리고 2020년에는 홀리 거스가《The Powerful Purpose of Introverts》을 출간했다. 일생을 못났다고 느낀 채 분투해 왔던 사람들은 비로소 자신들도 세상에 커다란 가치를 제공할 수 있음을 그리고 전혀 다른 사람이 되기를 바라는 요구에 휘둘릴 필요가 없음을 깨닫기 시작했다. 한번 물꼬가 트이니 점점 더 많은 자료가 만들어져 내향적인 사람들에게 이 메시지를 전달했다.

"여러분은 지금 모습 그대로 좋습니다. 여러분은 변화를 일으키도록 만들어졌어요."

내향적인 사람들은 외향적인 사람들과 비교당하던 오랜 세월에서 벗어나 자유를 찾았다. 이 사회에는 오직 우리만이 제공할 수 있는 가치가 존재하기에 우리는 인정받고 칭찬받아야 마땅한 사람들인 것이다.

아직 갈 길이 멀지만 토대는 갖춰졌다. 이게 첫 번째 단계다. 아직 모든 내향인이 자신의 가치를 깨달은 것은 아니지만 그렇게 할 수 있도록 도와줄 자료들이 마침내 우리 손에 쥐어졌다. 우리는 내향성의 엄청난 가치를 알릴 사례를 이미 구축해 냈다. 내향적인 사람이 말한다.

"훌륭하네요. 제가 이바지할 수 있는 부분이 있다는 것도 알겠어요. 지금 기분이 많이 좋아지긴 했습니다만 여전히 전 외향적인 사람들의 세상에서 일해야 합니다. 저와 기질이 다른 사람들 틈에서 매일 제 자리를 지키고 그들의 세상을 정확히 탐색할 수 있도록 실용적인 기술을 익혀야 해요. 누군가 제 성과를 평가할 때 외향적인 사람들의 기준에 따라 제가 얼마나 사교적이고 에너지가 넘치는지를 볼 수도 있는데, 이런 사람과 함께 일하려면 도움이 필요합니다. 어떻게 해야 일터에서 제 본모습을 잃지 않으면서도 외향적인 사람들과 동등하게 기여할 수 있을까요?"

이게 두 번째 단계이자 이 책의 주안점이다.

나는 다음 3가지를 깨닫고 비즈니스 세계에서 성공했다.

'나는 내향적인 사람이다.'

'나는 절대 외향적인 사람이 될 수 없다.'

'외향적인 척은 실패와 좌절에 이르는 가장 빠른 길이다.'

나는 내 방식을 인정하는 법, 나만의 강점을 찾는 법 그리고 그 강점을 활용하는 법을 배웠다. 그 덕분에 외향적인 사람은 절대 따라 할 수 없는 방식으로 일을 처리할 수 있었다. 나는 외향적인 사람들의 방식이 아니라 나만의 방식으로 관계를 맺고 소통하는 법을 배웠으며 그들에게 존경받고 변화를 만드는 법도 배웠다. 나아가 외향적인 사람들이 내가 제공하는 모든 것을 가치 있게 여기는 게 가능하다는 사실을 깨달았다.

내향적인 사람은 미인 대회의 차점자 같은 존재가 아니다. 사실 내향적인 사람과 외향적인 사람 모두 최고다. 두 부류 모두 각자의 고유한 방식으로 일하기 때문이다. 내향적인 사람은 외향적인 사람이 상상도 못할 영향력을 발휘할 수 있다. 물론 반대의 경우도 마찬가지다.

당신의 비전이
곧 세상의 비전이다

그럼 우리의 목적지에 어떻게 도달할 수 있을까? 여정을 요약하자면 다음과 같다.

우리는 첫 번째 단계에 많은 시간을 할애하지 않을 것이다. 훌륭한 자료를 많이 접할 수 있기 때문이다. 하지만 기초를 단단히 다지기 위해 필수적인 내용은 짚고 넘어가겠다. 누군가에게는 자신의 가치에 대한 새로운 정보일 것이며, 다른 누군가에게는 이미 알고 있는 사실을 보다 세밀하게 정리할 수 있는 기회일 것이다. 어느 쪽이든 우리는 내향적인 사람 특유의 가치를 분명하게 밝히고자 한다.

그다음에 두 번째 단계로 넘어가 업무 환경에서 우리의 내향성을 막강한 힘으로 만드는 일련의 마스터 무브(Master Move)를 배울 것이다. 이 단계를 거치고 나면 다음과 같은 결과를 기대해 볼 수 있다.

▸ 주눅 들지 않고 온전히 본모습대로 살아갈 자신감을 가질 수 있다.
▸ 동료, 상사, 고객, 거래처, 직원 등 함께 일하는 외향적인 사람들에게 존경을 받는다.
▸ 최고의 성과를 낼 수 있는 에너지를 관리 방법을 알게 된다.
▸ 실제보다 더 외향적인 척해야겠다는 필요를 느끼지 않을 수 있다.
▸ 자연스럽게 회의에서 의견을 제시하고 존중받게 된다.
▸ 많은 사람 앞에서 본모습 그대로 자신 있게 발표할 수 있다.

- ▶ 자기 대화를 통해 무너지지 않고, 일어설 수 있다.
- ▶ 당신만의 강점을 활용해 다른 사람들을 효과적으로 리드할 수 있다.
- ▶ 눈에 띄는 방법을 알게 된다.
- ▶ 어떤 역할을 맡아도 훌륭하게 해낼 수 있다.
- ▶ 최적의 환경에서 일하기 때문에 매일 출근이 즐겁다.
- ▶ 뛰어난 팀워크를 보여 준다.
- ▶ 제2 언어로 외향적인 사람의 언어를 쉽게 사용할 수 있다.
- ▶ 영향력, 관계 형성, 리더십, 신뢰 쌓기, 공감 등 여러 능력에서 전문가가 될 것이다.
- ▶ 타고난 세심함을 이용해 주변에서 벌어지는 일에 대응할 수 있다.
- ▶ 외향적인 사람들의 능력을 뛰어넘는 당신 특유의 방법으로 인맥을 형성할 수 있다.

당신은 건강하지 못한 패턴을 깨부수고 최상의 상태로 거듭날 수 있다. 그 방법은 더 성장하고 변화하며, 다른 사람이 아닌 자신에게 맞는 새로운 기술을 습득하는 것이다.

외향적인 사람이라면 타인과 대화하기 더 쉬울까? 대체로 그럴 테지만 그렇다고 해서 당신이 뛰어난 커뮤니케이터가 될 수 없다는 뜻은 아니다. 말하기는 내향적인 사람과 외향적인 사람의 여러 차이점 중 하나일 뿐이기 때문에 말하기에만 집중할 필요는 없다. 애초에 말하기가 그토록 중요한 요소는 아니기도 하다. 물론 이 책은 당신이 임팩트 있게 말할 수 있도록 자신감을 키워 줄 것이다. 하지만 성공은 말뿐 아니라 당신이 가진 모든 강점을 끌어낼 때 찾아온다는 점을 명심하기 바란다.

내가 이 여정의 가이드가 돼 줄 것이다. 결과가 보장되는 범용적인 접근법을 가르쳐 줄 생각은 없다. 대신 당신과 같은 내향적인 사람으로서 여정을 함께하며 당신에게 적합한 맞춤형 프로세스를 만들 수 있게 도울 것이다. 이건 내가 아닌 당신의 여정이다. 나는 그저 내부 정보와 경험을 가진 사람일 뿐이다. 이 책의 목표는 당신이 단순히 견디고 살아남도록 돕는 게 아니다. 나는 당신이 상상조차 못할 방식으로 성공하도록 돕고자 한다. 당신이 새로운 비전을 찾고 그 비전으로 나아가 세상을 바꾸도록 돕고 싶다. 외향적인 사람들이 "나도 저렇게 되고 싶어요!"라고 말할 정도로 영향력 있는 사람이 되기를 바란다.

·

Part 1

의도적인
침묵이
깨뜨리는 편견

기질을 인정하는 법부터
강점을 발견하는 법까지

i

The Introvert's Guide To Success In The Workplace

CHAPTER 1

내향성은
핑계가 아니라
강점이다

✦

'몸으로 말해요' 게임을 하면 당신은 사람들 앞에 서서 어떤 단어나 개념을 말이 아닌 몸으로 표현해 사람들이 정답을 맞히도록 해야 한다. 당신이 내향적인 사람이라면 '몸으로 말해요'가 가장 좋아하는 파티 게임일 가능성은 별로 없을 듯하다.

'사람들 앞에서 몸짓과 표정만으로 뭔가를 표현해야 한다.'

'사람들이 정답을 맞히면 기분이 좀 낫겠지만 그럼에도 이 모든 과정은 당신의 안전지대를 훌쩍 벗어나 있다.'

'정답을 맞히지 못해 일동이 침묵에 빠지면 왠지 이들을 실망시킨 것 같고 소리 없이 평가받는 듯한 기분을 느낀다.'

'다른 사람들이 당신보다 뛰어나며 견코 그들에게 필적할 수

없다는 생각이 든다.'

'다른 사람들은 모두 즐거운 시간을 보내고 있는데 당신만이 시간을 싫어하는 듯한 기분이 든다. 하지만 아무도 이를 눈치 채지 못하도록 미소 짓고 웃는다.'

나는 '몸으로 말해요' 게임을 하는 것과 죽순이 손톱 밑에 박히는 것 둘 중 하나를 선택해야 한다면 후자를 고르겠다고 생각하곤 했다. 그리고 이 외향적인 세상에서 살아남기 위해 게임을 할 때 끊임없이 웃으며 괜찮은 척해야 한다고도 생각했다. 만약 죽을 때까지 매일 '몸으로 말해요' 게임을 해야 한다면 어떨까?

여전히 못난이 사고방식을 가진 내향적인 사람이라면 이미 자신의 삶을 그렇게 느끼고 있을지도 모른다. 자신이 아닌 다른 사람인 척 가장하며 하루하루를 버티는 삶 말이다. 이런 삶은 대안이 없어 보일 뿐 아니라 소모적이기까지 하다.

하지만 다른 방법이 있다. 표면적인 작업이 아니라 내적인 작업이 필요하다. 시간이 지나면 고갈되는 의지력을 말하는 게 아니다. 우리 삶에 진정한 변화를 일으킬 열쇠는 우리의 사고방식을 바꾸는 것이다.

성공하기 위해서는 2가지가 필요하다.

'우리의 타고난 기질을 온전히 받아들이고 존중하는 것.'

'이 기질의 고유한 강점을 활용해 그 누구도 따라 하지 못할 공

을 세우는 것.'

내향적인 사람들은 대부분 본모습을 버리고 다른 사람이 돼야 성공할 수 있다고 생각한다. 하지만 이는 수박이 돛단배로 변한다는 것만큼 비현실적인 소리다. 진정한 성공을 이루기 위해서는 관점을 바꾸고 우리의 원래 모습을 최상의 상태로 만들기 위해 모든 에너지를 쏟아야 한다.

성공에 도움이 될 만한 새로운 기술들이 불편하다는 이유만으로 기술을 익히지 않겠다는 뜻이 아니다. 먼저 자신의 모습을 있는 그대로 받아들인 다음 외향적인 사람들이 모인 사회에서 필요한 기술을 새로 익히고 완성해 큰 영향력을 발휘하자는 이야기다. 내향성을 핑계 삼아 앞으로 더 나아가지 않는 것은 바람직하지 않다. 우리는 온전히 살아 숨 쉬고 싶은 존재며 그렇기에 배우고 성장하는 과정을 거쳐야 한다.

인생을 바꾸는
생각의 변화 4가지

이 파트에서는 모든 것의 기초가 되는 우리의 사고방식을 다루고자 한다. 우리에게 필요한 기술은 추후에 배울 테니 먼저 다음의 4가지를 살펴보는 것으로 시작해 보자.

첫째, 내향적 인간을 재조명한다.

내향적인 사람이 전통적으로 어떻게 비춰졌는지 그리고 이런 시각이 지난 수십 년 동안 어떻게 바뀌어 왔는지 살펴본다. 지금 우리 사회는 내향적인 사람들의 가치를 깨닫고 있지만 그들이 어떻게 일해야 하는지에 대해서는 여전히 낡은 기대치가 존재한다.

둘째, 마인드 게임을 배운다.

타인을 어떻게 바라보는지 그리고 타인에 대한 인식을 왜곡하는 무의식적 편견을 살펴본다. 우리는 종종 외향적인 사람이 무엇을 생각하는지 정확히 알고 있다고 믿는다. 하지만 대부분의 경우가 착각에 불과하고, 완전히 틀리는 경우도 많다.

셋째, 속설을 타파한다.

내향적인 사람에 대한 흔한 오해와 사람들이 간과하는 진실을 다룬다. 심지어 내향적인 사람조차 잘못된 속설을 믿고 있을지 모른다. 그래서 우리는 어떤 오해가 존재하는지 인지해 그 오해에 맞서야 한다.

넷째, 자신과 대화하는 법을 다룬다.

다른 사람의 의견을 듣지 않고 자신과 그릇된 대화를 나누는 것이 얼마나 위험한지 살펴본다. 자신을 정확하게 파악하려면 지나치게 자기반성적이어도 안 되고, 내면의 대화에 너무 집중해도 안 된다. 자기 성찰은 타인의 시선과 피드백을 거쳐 명확해져야 하며 그렇지 않으면 오히려 독이 될 수 있다.

정확하고 긍정적인 사고방식을 구축한다는 것은 지그 지글러가 말하는 "악취 나는 생각"을 버리고 자신과 타인을 정확히 바라보는 새로운 방식을 따른다는 뜻이다. 그의 연구에 따르면 인간은 하루에 약 5만 번의 생각을 하는데 그중 70~80퍼센트는 부정적인 생각이라고 한다.

아무리 내향적인 사람이더라도 얼마든지 탁월한 능력을 발휘할 수 있다. 우리는 내향적인 사람의 본모습에 꼭 맞는 기술과 막강한 힘에 대해서 이야기할 것이다. 이를 통해 성공하기 위해 필요한 새로운 기술을 습득할 수 있다. 새로운 기술을 갈고닦다 보면 실력이 향상될 테고, 결국 자신감이 커져 당신이 낼 수 있는 최대한의 영향력을 발휘할 수 있다.

마음가짐이 잘못돼 있으면 어떤 기술을 새로 배워도 결국 대응 기제가 돼 버릴 뿐이며, 강점이 아니라 약점을 바탕으로 행동하게 된다. 생각은 신념이 되고, 신념은 곧 감정이 되며, 감정은 행동으로 이어지는 법이다. 변화를 일으킬 준비를 위해 우리의 사고방식에 단단한 기반을 쌓아 보자.

CHAPTER 2

내향인이 가진
무기로
승부하라

✦

　로스앤젤레스 시내 한복판에는 도시 블록 두세 칸을 차지하는 거대한 고급 아파트 단지가 있다. 지난 수년 동안 수없이 지나친 곳이기도 하다. 회사에서 일을 마치고 퇴근하면서 이용하는 고속도로와 이 아파트 건물이 바로 맞닿아 있어서 눈에 띌 수밖에 없다. 보통 퇴근 시간이면 교통 체증이 심하기 때문에 건물을 구경할 시간도 넉넉하다. 평소에 나는 적어도 2시간을 운전해 통근하는데, 매일 수많은 운전자가 같은 경험을 하고 있으며 모두들 통근 길이 길고 피곤하다고 느낄 것이다.

　하루는 아파트 건물 옆면에 거대한 현수막이 걸려 있었다.

"여기에 살았다면 지금쯤 집에 도착했을 겁니다."

현수막을 보고 처음 든 생각은 기막힌 마케팅이라는 것이었다. 현수막의 메시지는 도로 위 모든 운전자의 고충을 상기시키기 위한 것이 분명했다. 이 현수막을 보고 얼마나 많은 사람이 이사를 결심했을지 궁금했다.

두 번째 생각은 내 내향적인 성격 깊은 곳에서 나왔다.

'제정신이 아닌 이상 누가 시내 한복판에서 살고 싶어 할까?'

나는 때때로 그 지역을 방문하곤 했는데, 저녁에도 거리가 거의 낮인 것처럼 온통 사람들로 북적거리고 있었다. 가끔 뉴욕으로 여행을 가서 늦은 밤 타임스퀘어 주변이나 맨해튼을 걸었던 기억이 떠올랐다. '잠들지 않는 도시'라는 말을 처음 들었을 때 나는 '과연 이게 좋은 걸까?'라는 생각이 들었다.

몇 주 뒤, 나는 다시 로스앤젤레스 시내로 돌아왔다. 세션이 시작하기 전 세미나 참가자들과 미리 만나는 자리였다. 로렌스가 가장 먼저 도착했고 우리는 이제 막 서로를 알아 가려던 참이었다. 로스앤젤레스의 교통 문제는 많은 이의 관심사기 때문에 대화를 시작하기에 좋은 소재기도 하다.

내가 물었다.

"오늘 아침 출근하는 데 얼마나 걸리셨어요?"

그가 대답했다.

"5분 정도요."

나는 되물었다.

"그 정도밖에요? 어디에 사시나요?"

그가 이렇게 답했다.

"저 블록 따라가면 있는 큰 아파트에 살아요. 여기까지 걸어왔죠."

이 대화는 분명 그냥 지나칠 수 없는 대화였다.

"그럼 이곳으로 이사 온 이유가 뭔가요? 그리고 여기 살아 보니 어떠신가요?"

"이제 일곱 달 정도 지났는데 정말 마음에 들어요. 다른 곳에서 사는 건 상상도 못하겠어요. 일단 차를 팔고 어디든 걸어가거나 승차 공유 서비스를 이용해서 가요. 멀리 나갈 일이 있으면 차를 빌리면 되고요."

나는 그의 이야기를 멈추지 않고 들었다.

"근데 제일 중요한 건 도시 생활의 에너지예요. 힘든 하루 일과를 마치고 나서 뭔가 할 일이 있고, 만날 사람이 있고, 새로 가 볼 곳이 있다는 건 최고의 혜택이죠. 매일 밤이 새로운 모험이에요. 아무도 없는 집으로 돌아가는 건 상상이 안 돼요. 너무 조용할 것 같잖아요."

로렌스는 외향적인 사람이었으며 자신이 마치 열반의 경지에 오른 것처럼 느끼고 있었다. 나는 내향적인 사람이며 그가 묘사한 삶은 마치 불과 유황으로 가득한 활화산 가장자리에서의 삶처럼 보였다.

당신이 나와 같다면 외향적인 사람이 얼마나 편안하게 대화하는지 부러워한 경험이 있을 것이다. 그들은 자신이 생각하는 바를 주저 없이 이야기하며 거물이라 불리기도 한다. 그러니 성공하려면 외향적인 사람이 되거나, 적어도 외향적인 척해야 한다고 믿을 수밖에 없다.

몇 년 전, 윌리엄 패너패커라는 이름의 대학 교수가 사례 연구를 위해 한 수업의 수강생들에게 당시 인기 있던 성격 테스트를 하게 했다. 그의 수업에는 외향적이고 참여도가 높은 학생과 말수가 적고 참여도가 낮은 학생이 골고루 섞여 있었다. 그런데 결과를 보니 수강생들은 모두 자신이 외향적으로 분류되도록 성격 테스트에 답했다는 사실이 드러났다. 패너패커 교수는 결과가 정확하지 않다는 것을 알았기 때문에 이 문제를 더 깊이 연구했다.

알고 보니 모든 수강생이 외향성은 긍정적이며 내향성은 부정적이라고 생각하고 있었다. 즉 테스트 중 "파티에 가고 싶으신가요, 아니면 집에서 책을 읽고 싶으신가요?"라는 질문을 접했을 때 파티 참석은 긍정적으로 본 반면 독서는 부정적으로 본 셈이다. 내향적인 학생들은 다른 학생들이 자신의 응답을 볼 수 있다는 사실을 알고 있었으며, 부정적인 모습을 보이고 싶지 않아 사회적으로 가장 무난한 응답을 선택했다. 패너패커 교수는 이렇게 말한다.

"미국 사회의 거의 모든 곳에서 내향성은 환영받지 못한다는 점을 고려할 때 테스트의 질문을 이렇게 바꾸는 게 나을지도 모르겠습니다.

'멋지고 인기 있고 성공하기를 원하시나요, 아니면 이상하고 외롭고 실패하기를 원하시나요?'

수업 내 토론 시간에 이 테스트에 대한 학생들의 이야기를 들어보니 그들은 대체로 내향성을 일종의 정신 질환이라 여기고 있었습니다."

이 연구는 사회 전반의 관점을 잘 반영했다. 외향적인 사람과 내향적인 사람 모두 내향적인 사람의 고유한 기질을 올바르게 인식하지 못했다. 이토록 내향성이 나쁜 것으로 여겨진다면 누가 내향성을 탐구하고 싶겠는가? 하지만 다행히도 그런 사람이 있었다.

당신은 어디에서 에너지를 얻는가

20세기 중반의 연구자들은 내향성에 대한 연구가 더 많이 이뤄져야 한다고 믿고 있었다. 그들은 내향성이 나쁜 것이 아니라 그저 다른 것일 뿐이라는 가능성을 탐구하기 시작했다. 미국인이 외향성에 높은 가치를 두는 반면 아시아 국가와 같은 일부 다른 문화권에서는 조용히 사색하는 것이 더 중요시된다는 사실 또한 발견했다. 미국 인구의 최대 50퍼센트가 내향적인 사람으로 분류될 수 있었기에 연구자들은 내향성에 주목할 수밖에 없었고, 내향성을 더 정확히 파악하기 위한 연구에 나섰다.

사람들은 외향적인 사람의 특징은 알고 있었지만 내향적인 사람이 어떤지는 잘 파악하지 못하고 있었다. 원래 대중이 내향적인 사람을 바라보는 시선은 하나뿐이었다.

'자신에 대한 생각에 자주 빠지는 사람.'

그러나 인간이란 여러 특성을 고유하게 조합한 결과기 때문에 내향적인 사람을 '조용한 사람'으로 외향적인 사람을 '시끄러운 사람'으로 단순히 분류할 수는 없다. 이런 고정 관념은 우리에게 아무런 도움이 되지 않는다. 차이점은 에너지를 끌어오는 원천이 무엇인지에 있다.

외향적인 사람은 외부를 향해 집중할 때 에너지를 얻으며, 깊이 생각하기보다는 행동하기를 선호한다. 이들은 혼자 너무 많은 시간을 보내면 에너지가 고갈된다. 반면에 내향적인 사람은 내부에 집중하며 충전을 위한 혼자만의 시간이 필요하다. 우리는 군중 속에서 제 몫을 해낼 수 있지만 그 과정에서 에너지를 소모한다.

우리는 몇 안 되더라도 깊이 있는 관계를 선호한다. 어느 쪽이 당신과 비슷하게 들리는가? 인간은 모두 고유하다. 하지만 여기서 각 부류의 보편적인 특성을 고려해 보기 바란다.

외향적인 사람

▸ 다른 사람이나 사물의 세계를 집처럼 여긴다. 하루 종일 이어진 회의가 끝난 뒤에도 잠시 만날 사람을 찾는다.

▸ 감정을 억누르지 않는다. 대화를 통해 조금씩 감정을 표출하기 때문이다. 대화를 하면서 생각을 형성하고, 그 생각에 감정이 결부된다.

▸ 주의가 쉽게 산만해진다. 생각이 떠오를 때마다 이야기를 꺼내며, 심지어 이전 생각이 마무리되기도 전에 새로운 생각을 이야기할 것이다.

▸ 일단 행동하는 경향이 있다. 방법을 먼저 알아보기보다는 그냥 렌치를 손에 쥐고 배관을 분해할 것이다.

▸ 사교적이다. 사교 모임에서 최대한 많은 사람과 교류하고 싶어 한다.

▸ 다른 사람과의 관계를 통해 외부에서 에너지를 얻는다. 에너지가 부족하면 휴대 전화를 들고 몇몇 친구를 만날 약속을 잡는다.

▶ 결정을 빠르게 내린다. 올바른 결정을 내려야 한다는 스트레스를 받지 않는다. 일단 결정을 내린 다음 틀렸을 경우에 수정한다.

▶ 공적인 자리에서나 사적인 자리에서나 똑같다. 어떤 상황에 처하든 자신의 본모습을 유지한다.

내향적인 사람

▶ 너무 시끄러우면 집중하지 못한다. 주소를 검색할 때면 자동차 음악 볼륨을 낮춘다.

▶ 의사 결정에 시간이 더 오래 걸린다. 선택지를 먼저 정리해야 하기 때문이다. 레스토랑 메뉴에 선택지가 너무 많으면 가장 늦게 주문하는 사람이 되기 일쑤다.

▶ 말보다 글을 선호할 때가 많다. 누군가 전화를 걸면 일부러 음성 사서함으로 돌려서 어떻게 응답할지 생각할 시간을 확보한다. 그리고 나서 문자 메시지로 답한다.

▶ 창의적인 사고를 통해 해결책을 제시한다. 단순히 사실만 보는 게 아니라 각 결정이 다른 사람들에게 미칠 영향과 파급 효과까지 고려한다.

▶ 사색적이며 '내면의 세계'를 집처럼 여긴다. 대체로 훌륭한 답변을 내놓긴 하지만 대화가 끝나고 나서야 가능한 일이다.

▶ 혼자만의 시간을 고대한다. 누군가 막판에 저녁 약속을 취소

하면 그 사람을 정말 좋아하지만 선물을 받은 기분이 든다.

▶ 오랜 시간 많은 사람 틈에 있으면 지쳐 버린다. 정말 급한 상황이든 아니든 간에 화장실을 몇 번이고 들락날락하며 에너지를 충전할 시간을 갖는다.

▶ 기운이 없을 때는 내면으로 후퇴해 휴식을 취한다. 조용한 곳에 혼자 앉아 아무것도 하지 않으면 에너지가 돌아오는 것을 느낄 수 있다.

▶ 그룹에 속할 때보다 혼자 일할 때 가장 잘 배울 수 있다. 회의 중에는 자신이 무슨 생각을 하는지 모르다가 나중에 혼자 일을 처리할 때 생각이 정리된다.

▶ 친구가 많지는 않지만 모두 깊은 관계를 맺고 있다. 인간관계에서 양보다 질을 추구한다.

▶ '공적 자아'와 '사적 자아'가 별개로 존재한다. 사적 자아는 우리가 살고 있는 현실 세계이며, 이곳으로부터 공적 자아를 갖고 타인의 세계로 발을 내딛는다.

세상을 바꾼 사람들의
절반은 내향인이다

마침내 우리는 세상에 내향적인 사람으로서 목소리를 낼 수 있게 됐다. 외향적인 사람이 될 필요가 없는 것이다. 사람들이 내향적인 사람의 가치를 언급하기 시작했고 세상에 오로지 우리만이 기여할 수 있는 부분을 인정하고 나섰다. '내향적인 사람의 가치'를 구글에 검색하면 열등감을 극복하는 데 도움이 될 정보의 보고를 찾을 수 있다. 문헌을 통해 내향적인 사람이 아주 중요하다는 사실이 입증됐으며 우리 개개인의 가치를 강화해 주는 자료도 수없이 많다. 다시 말해 우리는 우리만의 입지가 공고하며 여러 상황에서 미개발 자원으로서의 가치가 입증됐다.

그러나 우리는 아직 외향성을 선호하는 세상에 살고 있다. 사람들은 대부분 내향성에 관한 연구를 전부 확인하지는 못했으며 여전히 외향적인 사람이 되는 게 더 낫다고 믿는다. 외향적인 사람들은 더더욱 이 모든 연구 결과를 잘 모를 수밖에 없다. 그 어떤 연구 내용도 읽었을 리 없기 때문이다. 뭐든지 내향적인 사람보다 더 쉽고 강렬하고 재밌게 경험할 수 있을 텐데 왜 굳이 내향성에 관한 연구를 찾아보겠는가?

흥미롭게도 내향적인 사람 중 사회에 큰 영향력을 발휘한 이들에게는 존경과 찬사가 넘쳐 난다. 이를테면 에이브러햄 링컨, 마하트마 간디, 알베르트 아인슈타인, 워런 버핏, 로자 파크스, 닥터 수스, 스티븐 스필버그, J. K. 롤링, 스티브 잡스, 빌 게이츠 등이 있다.

이들이 세상에 큰 변화를 일으켰다는 사실에는 의문의 여지가 없다. 하지만 대중은 그들이 내향적이었다는 사실은 모른다. 그들의 업적을 좋아할 뿐이다. 다들 '그들은 유능했고 변화를 만들었으며 운동을 일으켰어'라고 생각한다. 그러나 결코 '오, 그나저나 그들은 내향적인 사람이었지'라고 생각하지는 않는다.

이 사회는 영향력을 찬미하지만 과정은 무시한다. 이 때문에 수잔 케인은 이렇게 이야기한다.

"최고로 말을 잘하는 사람이 되는 것과 최고의 아이디어를 떠올리는 것 사이에는 전혀 상관관계가 없습니다."

여전히 힘겨운 싸움이 계속되고 있다. 마티 올슨 래니는 말한다.

"내향적인 사람은 매일 눈을 뜨는 순간부터 외부 세계에 대응하고 순응해야 한다는 압박에 시달립니다."

아무리 문헌을 읽고 우리의 고유한 기질을 어떻게 이해할지 깨달아도 출근해야 한다는 사실에는 변함이 없으며 바깥은 정글이다. 기분 좋은 연구와 별개로 현재의 사회에서 외향적인 사람들로 들끓는 강을 헤쳐 나가야 한다.

다행히 외향적인 사람들의 세상에서 더 이상 경쟁하려 애쓸 필요는 없다. 이제는 외향적인 사람들과 동등하면서도 다른 기여자로서 함께 지내는 방법을 배우는 것이 중요하다. 우리는 생존이 아니라 성공을 추구해야 한다.

날개가 없다면
달리는 법을 익혀야 한다

사무실에서 근무하는 경우, 우리는 내향적인 사람의 고유한 가치를 이해하지 못하는 상사와 동료들 사이에서 주 40시간 이상을 보낸다. 보통 이들은 직접 경험해 본 외향적 시각에 따라 기대치를 설정한다. 재택 근무 또는 원격 근무 환경에서도 여전히 동일한 커뮤니케이션 문제가 발생하며, 여기에 더해 인터넷에 접속해 있는 동안 화면에 얼굴이 나오도록 해야 한다.

우리가 다른 사람들 '눈에 띄게' 일해서 승승장구하는 건 사무실 환경에서도 쉽지 않다. 하물며 원격 근무를 하거나 현장에서 벗어나 따로 일하면 사람들 눈에 더 띄지 않으니 상황은 훨씬 어려워진다. 어떻게 해야 우리 본연의 모습을 유지하면서 성공하고 영향력을 발휘할 수 있을까?

한 예로 대학에서 학생을 가르치는 일을 들 수 있다. 이 직업은 내향적인 사람이 대체로 선호하는데, 그들이 보기에 사회적인 압박이 그리 크지 않고 사무실 안에서 연구하고 공부하면 되는 직업이기 때문이다. 하지만 그들이 종종 간과하는 사실이 있다. 혼자 일하는 시간이 길긴 해도 사회적으로 교류해야 하는 시간이 짧고 굵게 자주 필요하다는 점이다. 수업에 들어가고, 다양한 직책을 두고 면접에 참여해야 하며, 학회에 참석해 발표하기도 하고, 여러 정기적인 회의에 얼굴을 비춰야 한다. 언제나 논의에 참여해 학교에 기여하고 스스로도 주의를 환기해야 한다.

대학교 역시 위험한 물살과 같으며, 대부분의 경우 내향적인 사람이 이 물살을 극복하도록 조언을 건넬 사람도 많지 않다. 내가 한 대학교의 부교수로 재직하기로 했을 때 이틀간 무려 15가지 절차를 거쳐 면접을 봐야만 했다.

중요한 면접이 여러 차례 진행됐는데 예비 동료는 물론이고 학과장, 대학원생을 만날 수 있었으며 심지어 총장이 참여하는 면접도 있었다. 면접의 일환으로 누구나 참석 가능한 공개 강연에 나서야 했으며 강의실 뒷줄에는 교수진 10명 정도가 앉아 각자 뭔가를 적고 있었다. 식사는 매번 편안하게 교류하라는 취지에서 여러 사람과 함께해야 했다. 모든 절차가 낯선 환경에서 이뤄졌다. 게다가 시간을 절약하기 위해 일정이 연달아 잡히는 바람에 재충전할 만한 휴식 시간조차 없었다.

전체 면접 과정이 외향적인 사람들을 위해 그리고 아마 외향적인 사람들에 의해 기획돼 있었으며 나는 그들의 렌즈를 통해 평가받는 신세였다. 내 임무는 이런 환경에서 내향성의 강점이 빛을 발하도록 함과 동시에 외향적인 척하고 싶은 유혹을 견디는 것이었다. 결국 임무를 완수해 일자리를 얻을 수 있었다.

채용 과정에서 면접관은 지원자의 카리스마와 품행에 영향을 받을 수밖에 없다. 면접관들은 '난 이 지원자가 마음에 드는군'이라거나 '이분들은 우리와 잘 맞겠어'라고 생각할 수 있다. 케미스트리가 중요한 건 맞지만 그게 전부는 아니다. 그러나 역량이 특출나지 않아도 호감이 가는, 외향적인 사람이라서 채용되는 경우가 너무나 빈번하다. 어느 직책에서든 신중하고 전략적으로 접근할 줄 아는 사려 깊고 내향적인 사람들은 간과된 채 말이다.

그럼 어떻게 해야 내향적인 사람이 이런 보편적인 기대치를 극복하고 성공할 수 있을까? 그 방법은 바로 100퍼센트 자신이 되는 것이다. 즉 자신의 고유한 기질이라는 필터를 통해 살아가고 일하는 세계 최고 수준의 내향적인 사람이 돼야 한다. 코미디언 스티브 마틴이 말했다.

"누구도 무시하지 못할 만큼 실력을 쌓으라."

그렇다고 '이요르(역자 주: 〈곰돌이 푸〉에 나오는 비관적이고 우울한 성격을 가진 당나귀 캐릭터)식 접근법'을 취해서 내향적인 사람들이 모인 벤치에 백업 요원으로 머물러도 된다는 뜻은 아니다.

성공이란 먼저 자신의 기질을 온전히 수용한 뒤 의식적으로 성장과 변화를 거듭하며 자신에게 완벽히 어울리는 새로운 기술을 익히는 것을 의미한다. 당신이 만약 치타라면 결코 독수리가 될 수는 없다. 진정으로 성공하기 위해서는 비행 코치가 아니라 달리기 코치와 함께해야 하는 것이다.

CHAPTER 3

편견을 버리고
보물찾기를
시작하라

✦

"오늘 세미나에 총장님이 오실 거예요."

동료가 내게 말했다. 이 학술 도시에 도착한 건 그 전날이었다. 나는 이곳의 한 호텔에서 공개 세미나를 진행할 예정이었고 이 친구는 내 세미나를 담당하는 영업 파트너였다. 나는 언제나 세션이 시작되기 전에 최대한 많은 사람과 교류하려고 하는 편이다. 그래서인지 그는 누가 세미나에 참석하는지 미리 알려 줬고, 덕분에 나는 어느 정도 맥락을 파악한 채로 참석자들을 만날 수 있었다.

이날 세션은 전일 세션으로 진행됐는데 시작부터 훌륭했다. 50여 명의 사람들이 주제를 두고 활발하게 소통하고 있었다. 점

쉼시간이 되자 내 파트너가 잠시 짬을 내서 청중이 구체적으로 어떤 반응을 보이는지 이야기해 주면서 내게 물었다.

"총장님은 만나 보셨나요?"

나는 이전에 10년 넘게 대학 교수로 재직했을 뿐만 아니라 고등 교육 행정을 주제로 박사 학위를 취득했기에 대학 총장이라면 수없이 많이 겪어 봤다고 자신했다. 하지만 그날 아침 만난 사람 중에는 내가 머릿속에 그려 둔 대학 총장의 이미지에 부합하는 사람이 없었다.

"아니요."

나는 약간 놀란 표정으로 대답했다.

"여기 계신 거예요?"

그는 웃으며 말했다.

"그럴 줄 알았어요. 편견이 있으시군요."

그의 말을 들으니 마음이 불편해졌다. 뒤이어 그가 강연장 뒤편 테이블에 앉아 있는 총장을 가리키자 불편함이 더 심해졌다. 내가 물었다.

"회색 블레이저 입은 남자 분이신가요?"

그러자 그가 대답했다.

"아니요. 그 옆에 앉아 계신 조그맣고 조용한 흑인 여자 분이십니다."

그가 옳았다. 누군가 나를 두고 편견에 사로잡혀 있다고 여기는 건 부끄러운 일이다. 특히 나에 대한 그런 판단이 틀리지 않았다는 것, 심지어 내가 그 사실을 인지하지 못했다는 것이 너무나 창피했다. 무의식적인 생각이었다. 이 사건을 계기로 나는 사람들이 잘 알지도 못하는 다른 사람을 얼마나 멋대로 판단하고 있는지 깨달았다.

오늘날 이런 과정을 나타내는 용어가 있다. 바로 '무의식적 편견'이다. 여기에는 두 단어가 사용됐다. 자신의 제한된 경험을 바탕으로 누군가를 판단하는 '편견'과 어떤 일이 일어나고 있다는 사실을 자각하지 못하는 '무의식'이다. 작동하는 방식은 다음과 같다.

편견은 두뇌가 입력된 정보를 빠르게 살펴보기 위한 전략의 일종이며, 덕분에 인간은 머릿속에 들어오는 모든 사소한 정보를 의식적으로 판단하지 않아도 된다. 만약 누군가를 처음 만났는데 과거에 알고 지내던 사람과 생김새나 행동이 비슷하다고 해 보자. 새로 만난 사람이 지인과 비슷하다고 판단하기 쉽지만 그 판단은 완전히 틀렸을 가능성이 크다. 원래 좋아하던 지인이라면 새로 만난 사람에게도 호감을 느낄 것이다. 반면 싫어하던 지인이라면 새로 만난 사람을 의심의 눈초리로 바라볼 것이다.

인간은 자신과 공통점이 많은 사람을 만나면 비슷한 점이 더적은 사람에 비해 호감을 크게 느끼는 경향이 있다. 이를 '유사성 효과'라 부르며 우리는 이 효과의 위험성을 경계해야 한다. 맷 그래위치 박사는 이렇게 말한다.

"우리가 어떤 사람을 처음 만나면 외모 외에는 그 사람에 대해 아는 것이 없는 상태입니다. 그러니 우리와 나이, 인종, 성별, 체형 등 외모가 비슷한 사람에게는 긍정적인 편견이 생기고 외모가 비슷하지 않은 사람에게는 부정적인 편견이 생기는 것이죠."

편견이란 사람의 첫인상, 즉 외모와 행동을 근거로 사람을 판단한다는 뜻이다. 정확한 판단을 내리는 데 필요한 데이터가 없기 때문에 인간의 뇌는 익숙한 것에서부터 시작한다.

다음의 상황에 처할 때 당신의 머릿속에서는 어떤 일이 벌어질까?

▶ 고속도로에서 앞차가 방향 지시등을 켜지 않고 끼어드는 바람에 충돌을 피하고자 급브레이크를 밟는다.
▶ 진입로에 어떤 사람이 "일자리를 잃었습니다. 도와주세요"라고 적힌 팻말을 들고 서 있다.
▶ 업무 프로젝트에서 파트너로 배정된 사람의 나이가 당신보다 25살 더 많거나 더 적다.
▶ 지원자 중 체중이 가장 많이 나가는 사람이 가장 훌륭한 이력을 갖추고 있다.

사람들은 타인의 인격과 역량에 대해 쉽게 판단을 내리곤 한다. 그 사람과 단 한 번도 교류한 적이 없고 그가 어떤 사람인지 아는 바가 전혀 없더라도 그렇다. 흥미롭지 않은가? 편견은 인간 경험의 일부이므로 그 자체로는 나쁜 게 아니다. 편견 덕분에 신체적인 위험으로부터 보호받을 수도 있고 부당한 비즈니스 거래를 피할 수도 있다.

핵심은 자신이 무엇을 하고 있는지 인지하는 것이다. 편견을 '무의식'에서 '의식'으로 바꿔야 한다는 뜻이다. 어떤 일이 벌어지고 있는지 인지하고 나면 타인에게 해를 끼치지 않는 선택을 하기가 훨씬 수월해진다.

내향인을 향한 무의식적 편견들

모두들 '나는 부정적인 편견을 갖고 보는 사람 없어'라고 생각하곤 한다. 이게 바로 무의식적 편견의 문제다. 무의식적이기 때문에 편견을 갖고 있음을 알지 못한다. 지난 몇 년간 세상에서 벌어진 사건들로 판단하건대 무의식적 편견의 문제는 과거에 비해 훨씬 더 잘 파악되고 있는 듯하다. 사회 구성원들은 개인적 특성에 근거해 누군가를 차별하지 않도록 스스로 경계를 늦추시 않으며, 대신 다른 구성원의 전문적 강점을 정확히 파악하기 위해 노력하고 있다. 이제 알겠다. 인종, 성별, 신체적 능력, 종교 등 중대한 문제에 대해서는 우리가 어떤 생각을 갖고 있는지 한결 쉽게 파악할 수 있다.

그럼 내향성은 어떤가? 사람들은 내향적인 사람에게 무의식적 편견을 갖고 있을까?

교육 개발자인 줄리아 카터는 업무와 관련해 내향적인 사람에게 갖기 쉬운 부정적인 무의식적 편견을 3가지 예시를 통해 설명한다. 바로 채용 평가, 교육 과정 그리고 회의 중 브레인스토밍이다.

채용 평가

일반적으로 채용 지원자는 그룹 토론 역량, 주도적인 태도, 신속한 결단력, 그룹 회의에서 빠르게 의견을 제시하는 능력 등 여러 요소를 평가받는다. 이 중 어느 것도 내향적인 사람과는 어울리지 않는다. 그러니 우리는 주로 외향적인 능력을 평가받고 있는 셈이다.

공정한 평가가 되려면 사색적인 요소 또한 포함돼야 한다. 이를테면 지원자에게 과제를 부여한 뒤 시간을 두고 깊게 조사하고, 남을 경청하며 공감 능력을 발휘해 면밀히 고안한 아이디어를 제시하도록 해 보는 것이다. 카터는 이렇게 말한다.

"아이디어를 최초로 제시하는 사람은 외향적인 사람일지도 모릅니다. 하지만 그 아이디어를 실현하는 사람은 대부분 내향적인 사람이에요."

교육 과정

전형적인 세미나에서는 아이스 브레이킹 같은 활동을 유도하거나 어떤 주제를 두고 2~3명이 모여 논의해 보도록 하는 경우가 아주 빈번하다. 카터는 "청중의 거의 절반이 도망치고 싶어 하는 강연을 해서는 안 됩니다"라고 이야기한다.

내향적인 사람에게는 부담감을 덜어 놓고 제 몫을 다할 수 있는 상황이 주어져야 한다. 그리고 어떤 질문의 답을 생각하는 데 충분히 시간을 제공함으로써 시간 문제로 불이익을 받는다는 느낌이 들지 않도록 해야 한다.

회의 중 브레인스토밍

대체로 브레인스토밍 시간에는 대량의 아이디어를 빠르게 제시할 수 있는 외향적인 사람의 에너지가 필요하다. 깊은 생각을 거쳐 아이디어를 내는 내향적인 사람은 갈 곳을 잃을 수밖에 없다. 브레인스토밍 시간이 나름의 가치가 있는 건 분명하다. 하지만 회의가 끝난 후에 생각할 시간을 주면서 새로운 아이디어를 더 제안하도록 장려한다면 내향적인 사람의 장점을 최대한 이끌어 낼 수 있을 것이다.

내향적인 사람을 향한 무의식적 편견은 긍정적일 수도 부정적일 수도 있다. 긍정적인 편견으로는 다음과 같은 예를 들 수 있다.

▸ 내향적인 사람이 더 열심히 일한다고 생각하는 리더가 있다면 우리에게 더 중요한 업무가 주어질지도 모른다.
▸ 내향적인 사람이 과묵하다는 사실을 알게 되면 사람들은 우리를 보며 생각이 깊고 더 똑똑하다고 자연스레 생각할지도 모른다.
▸ 리더가 내향적인 사람을 더 중요한 팀에 배정할지도 모른다. 물론 우리가 리더의 아이디어에 반론을 제기할 가능성이 더 적다고 생각해서일 수도 있다.

부정적인 편견의 예도 살펴보자.

▸ 내향적인 사람은 거만하고 다른 사람의 생각에 무관심하다는 인식 때문에 무리에서 배제될지도 모른다.
▸ 내향적인 사람이 말을 너무 아끼면 다른 사람 눈에는 우리가 별로 똑똑하지 않거나, 도움이 되지 않거나, 이해력이 부족한 것으로 보일 수도 있다. 결국 중요한 팀 프로젝트에 참

여하지 못하게 될지도 모른다.

▶ 어떤 사람은 우리와 교류하기를 꺼려할지도 모른다. 외향적인 사람에 비해 내향적인 사람은 교류하는 데 시간과 노력이 더 많이 든다고 생각하기 때문이다.

보물 상자를 열어
자신의 가치를 증명하라

당신이 팀 회의에 참석하고 있다고 생각해 보자. 회의 참석자 중에는 내향적인 동료도 있고 외향적인 동료도 있다. 외향적인 사람은 재빨리 생각하고 이야기하면서 논의에 활기를 불어넣는다. 내향적인 사람은 말을 별로 하지 않고 주로 듣고 생각한다. 외향적인 사람은 눈에 더 띄고 내향적인 사람은 티가 덜 난다. 어쩌면 외부인의 눈에는 외향적인 사람은 언제나 좋은 아이디어를 내는 반면 내향적인 사람은 아무런 도움이 되지 않는 것처럼 보일지도 모른다. 바로 이 지점에서 무의식적 편견이 작용한다. 지켜보는 사람들은 내향적인 사람을 간과하기 쉽기 때문에 자기도 모르게 외향적인 사람들의 기여도가 더 높을 것이라 추정한다.

모두가 무의식적 편견의 존재를 인지하게 된다면 이를 의식적 인정으로 바꿀 수 있다. 우리는 외향적인 사람의 역할과 기여를 충분히 인정할 것이며, 그와 동시에 내향적인 사람의 독특함을 찾아내기 위해 의식적으로 노력할 것이다. 그리고 기질에 상관없이 누구나 각자의 쓸모가 가득 담긴 보물 상자를 갖고 있다는 사실을 깨달을 것이다. 외향적인 사람의 보물 상자는 표면 가까이에 있어 누구나 쉽게 볼 수 있다. 반면 내향적인 사람의 보물 상자는 대개 깊숙이 묻혀 감춰져 있기 때문에 이 보물을 채굴해야 한다. 둘 중 어느 쪽이든 무의식적 편견을 극복한다는 것은 추정하기를 멈추고 보물찾기를 시작한다는 뜻이다.

외향적인 사람과 내향적인 사람 모두의 자원을 활용한다면 회사의 성과와 수익에도 큰 효과가 발생한다. 내향적인 사람이 주도적으로 나서 자신만의 쓸모를 증명해 낼 때 리더를 비롯한 구성원들은 그동안 모르고 놓친 우리의 가치가 얼마나 거대한지 깨달을 것이다. 그리고 내향적인 사람이 창출하는 가치를 한번 목격하고 나면 내향적인 사람이 팀에 기여하는 바가 아주 많다고 생각할 가능성이 높다.

리더십 코치이자 팟캐스트 진행자인 캐시 카프리노는 내향적인 사람을 향한 무의식적 편견을 의식적 인정으로 전환한 자신의 경험을 기록한 바 있다.

"저는 내향성의 진정한 본질을 제대로 이해하지 못했어요. 부정적인 편견을 갖고 있었죠. 왜냐하면 제가 생각하고 행동하는 방식과 너무 달랐고 외향성이란 곧 생각하고 분석하는 능력, 상대의 말을 잘 알아듣고 처리하는 능력 그리고 강력한 리더이자 관리자가 될 수 있는 능력이라 착각했기 때문이에요. 저는 내향성을 향한 제 자신의 편견에 더 집중하기 시작했고 이런 편견이 만연해 있음을 깨달았습니다. 예전에는 내향적인 직원이나 동료를 '생각이 느린 사람'이나 '너무 조용해서 피해를 주는 사람'으로 여겼어요. 하지만 이제 제 눈에는 그들의 예리한 지적 능력, 강렬한 창의성, 기발한 아이디어가 보여요. 게다가 그들은 타인의 아이디어에 묻어가기보다는 자신의 능력을 다른 사람들과 편하게 공유할 줄도 알죠."

일단 내향적인 사람들을 향한 기존의 통념을 인식한 뒤 앞으로 무엇을 할 수 있을지 논의하는 것부터 시작해야 한다. 당신과 내향적인 동료들이 제대로 인정받지 못하는 것 같다면 몇몇 외향적인 동료들과 의식적으로 진심 어린 관계를 형성해 보라. 아무도 당신을 리더 역할로서 고려하지 않는다면 현재 소속된 무리에서 간결하고 알기 쉽게 리더십 역량을 드러내 가치를 증명해야 한다. 당신이 너무 조용해서 팀에 기여하는 게 없다고 생각하는 사람이 있다면 그동안 당신이 팀에 명확하게 기여한 바를 제시하며 반박하라.

내향적인 사람으로서 당신의 특기는 가능한 작은 그룹에서 관계를 맺는 것이다. 기왕이면 일대일이 가장 좋겠다. 평소에 잘 알고 지내던 외향적인 사람과 교류하며 당신의 아이디어를 공유해 보라. 그들의 의견을 들어 보고 그들이 당신의 열정을 포착할 수 있는지 확인하기 바란다. 어쩌면 그들이 모두의 관점을 바꿀 기폭제가 될지도 모른다. 자, 이제 외향적인 사람과 함께 점심 식사를 할 시간이다!

내향인만의 무기

CHAPTER 4

속설 뒤의
진실을 마주할 때
진가가 드러난다

✦

무의식적 편견은 어떻게 생겼을까?

내향적인 사람들 대부분은 학교에서 외향성을 기준으로 평가 받는 게 어떤 건지 잘 알고 있다. 일반적으로 대학 교수들은 학생들이 현실 세계에 대비할 수 있도록 돕는 게 당연하다고 생각한다. 이는 단순히 학문적 기량을 쌓는 것 이상을 의미한다. 누구나 이런 수업을 수강한 경험이 있을 것이다. 성적을 매기는 데 수업 참여도, 리더십 기술, 토론에 주도적으로 참여하는 모습이 상당한 비중을 차지하는 수업 말이다. 심지어 학생들이 진정으로 의미 있는 발언을 하느냐는 중요하지 않다. 이런 수업 때문에 내나우의 사람은 다음의 두 믿음에 무의식적으로 익숙해졌다.

'어느 비즈니스 환경에서든 외향성은 성공의 열쇠다.'

'외향적이지 않은 사람은 성공할 수 없다.'

이런 관점은 내향적인 사람에 관한 여러 속설로 이어져 우리가 '2군 선수'라는 무의식적 편견을 낳고 말았다. 즉 우리도 팀의 일부지만 경기에 많이 출전할 수 없으며, 1군 선수인 외향적인 사람들이 출전하지 못할 때나 그 자리를 채운다는 뜻이다.

내향적인 사람을 마주할 때 사람들은 무슨 생각을 할까? 그리고 그들이 알지 못하는 진실은 무엇일까? 사람들이 자주 하는 6가지 오해와 사람들이 잘 모르는 6가지 진실을 살펴보고 그중 몇 가지가 익숙하게 느껴지는지 생각해 보자.

내향인을 향한
6가지 흔한 오해

▸ 내향적인 사람은 불친절하며 타인에게 호의적이지 않다.

내향적인 사람이 냉담해 보일 수는 있다. 그러나 우리는 대부분 외향적인 사람들만큼이나 다른 사람을 좋아한다. 단지 그 대상이 조금 더 적을 뿐이다. 우리는 보통 많은 사람과 소통하기보다 소수의 사람과 깊이 있게 교류하기를 원한다. 우리의 강점은 생각을 공유하기 전에 심사숙고하는 것이며 머릿속에 떠오르는 생각을 무작정 내뱉지 않는다. 여러 사람이 모였을 때는 이야기를 먼저 들은 뒤, 혼자서나 다른 사람 한둘과 함께 앞서 들은 내용을 소화할 시간을 갖는다. 그리고 몇몇 친한 친구를 찾고 나면 그들과의 의리는 확실히 지킨다. 그 외의 사람들도 물론 좋아하지만 깊이 신뢰하는 소수의 동료들을 위해 최선을 다한다.

▶ 내향적인 사람은 리더가 될 수 없다.

실제로 대부분의 관리자 및 임원은 외향적인 사람들이다. 어떤 연구에 따르면 거의 96퍼센트라고 한다. 그렇다고 해서 이들이 내향적인 사람보다 더 유능하다는 뜻은 아니다. 리더가 되는 데 외향적인 사람에게 유리한 점이 있는 건 사실이나 그만큼 내향적인 사람에게도 유리한 점이 있다.

와튼 스쿨의 교수이자 작가인 애덤 그랜트는 내향적인 사람과 외향적인 사람 모두 훌륭한 리더가 될 수 있다고 말한다. 둘의 차이점은 함께하는 구성원의 유형이다. 외향적인 리더가 시너지를 내기 좋은 유형은 구체적인 지시가 필요한 수동적인 구성원이다. 반면 내향적인 리더는 실무진이 제시하는 아이디어를 경청하고 검증하는 능력이 있기에 보다 능동적인 구성원을 이끌 때 빛을 발한다.

▶ 내향적인 사람은 영업직, 최고 관리직, 대중 연사와 같은 특

정 직업에 적합하지 않다.

에너지 넘치는 영업 사원을 만날 때마다 나는 보다 방어적으로 변한다. 이들이 내게 친절히 구는 건 상관없지만, 솔직히 '내게 호의를 보이는 척하면서 뭔가 판매하려는 속셈이겠지'라는 생각이 먼저 든다. 말도 안 되는 소리 같지 않은가? 그러나 오랜 경험에서 비롯된 인식이다. 상대방이 내가 생각할 틈도 없이 빠르게 말하면서 논리적인 이유를 제시하면 나는 주눅 들고 만다. 이들은 외향적으로 다가가면 설득이 쉬우리라고 생각하겠지만 대개는 반대인 경우가 많다.

어떤 직업은 외향적인 사람의 기술이 더 많이 필요하다. 그럼 내향적인 사람은 어떻게 해야 해당 분야에서 일을 잘 해낼 수 있을지 배워야 한다. 진심으로 그 분야에 열정이 있다면 타고난 기질을 활용하는 독창적인 방식을 찾아 앞서갈 수 있다. 직업을 선택할 때는 그저 돈이 아니라 어떤 에너지를 얻을 수 있는지를 보라.

▶ 내향적인 사람은 인맥을 잘 쌓지 못한다.

젊은 내향인으로서 나는 성공적인 커리어를 만들어 가고 싶었다. 이런 목표를 이룰 가장 좋은 방법은 사람들과 좋은 관계를 구축하는 것임을 나는 잘 알고 있었다. 내가 아는 한 성공한 사람들은 모두 그래 왔다. 그리고 그들은 외향적이었다. 나는 하비 맥케이의 《목마르기 전에 우물을 파라(Dig Your Well Before You're Thirsty)》, 키이스 페라지의 《혼자 밥먹지 마라(Never Eat Alone)》와 같은 책을 읽으며 성공한 자들의 비결을 탐구했다. 이 책들은 내게 큰 동기 부어가 됐고 인맥을 형성할 수 있는 강력한 팁과 기술을 알려 줬다. 이를테면 이런 것들이다.

"원하는 것을 다 챙길 수는 없다. 협상한 것을 얻을 뿐이다."

"인맥은 비즈니스는 물론이고 인생에서 매우 중요한 기술이다. 누구나 자신이 잘 알고 좋아하는 사람과 일하고 싶기 때문이다."

"우리의 인맥이 우리를 대변한다."

"대담함에는 천재성이 있으며 심지어 다정함까지 있다."

문제는 이 팁들이 내 기질과 너무나 이질적이었으며 지금까지 내가 살아 온 방식의 정반대였다는 점이다. 나름대로 시도를 해 보고 약간의 진전도 있었지만 마치 내 영혼을 팔아 겨우 해내는 기분이었다. 이런 삶을 계속 유지한다는 건 회사에서 더 높이 올라가 보겠다고 남은 커리어 내내 거짓말을 하며 살아야 한다는 뜻이었다.

다행히 나는 포기하지 않았다. "글쎄. 외향적인 사람들한테나 필요한 말들이네. 나한테는 안 맞아"라고 말하지도 않았다. 어떻게 해야 이 최고의 가르침들을 내 기질에 맞게 조정해 내 것으로 만들 수 있을지 깨달았다. 이 가르침들은 외향적인 사람들이 자신의 장점을 최대한 활용할 수 있도록 주어진 것이었으며 나 역시 그렇게 해야 했다.

목표는 외향적인 방식으로 인맥을 쌓는 게 아니라 내향적인 방식으로 인맥을 쌓는 것이었다. 핵심은 실제 사람들과 진정한 관계를 구축하는 것이며 이는 내향적인 사람들이 전문적으로 할 수 있는 일이다. 우리는 자신의 본모습에 충실하면서도 동시에 최고로 인맥을 잘 만드는 사람이 될 수 있다.

▶ 내향적인 사람은 언제나 외향적인 사람보다 더 진중하다.

내향적인 사람은 대개 스몰 토크를 그리 좋아하지 않는다. 할 수는 있지만 오랫동안 지속하기는 힘들다. 우리는 최근에 생각해 본 것, 현재 직면한 과제, 향후 하고 싶은 것 등 보다 깊은 주제를 두고 대화하려고 한다. 스몰 토크는 이렇게 더 깊은 단계의 대화로 나아가는 길을 열어 준다. 이게 우리가 스몰 토크를 하는 이유기도 하다.

다시 말해 우리는 스몰 토크보다 빅 토크를 원한다. 둘 다 잘할 수 있지만 확실히 빅 토크가 더 좋다. 그래서 사람들은 내향적인 사람이 외향적인 사람보다 더 진중하다 여기지만 대부분의 경우 방식의 차이에 불과하다. 신경학 연구에 따르면 인간은 내향적이든 외향적이든 사회적 상호 작용 후에 만족감을 느끼는데, 내향적인 사람은 외향적인 사람에 비해 상호 작용을 훨씬 덜 해도 만족감을 얻는 것으로 나타났다. 외향적인 사람들은 상호 작용 자체에서 더 많은 보상을 얻는 반면, 우리는 비교적 짧은 대화 후에도 새롭게 알게 된 것을 정리하며 시간을 보낼 수 있다.

이는 마치 휴가 때 인접한 주에 차를 몰고 가는 것과 비슷하다. 외향적인 사람은 목적지에 빨리 도착해 하고 싶었던 일을 할 생각에 고속도로를 이용할 것이다. 반면 내향적인 사람은 경치 좋은 길을 택해 예상치 못한 보물을 발견하고 싶어 할 것이다. 결국 같은 목적지에 도착하겠지만 서로 다른 경로를 택할 뿐이다.

▶ 내향적인 사람은 말하기보다 듣기를 즐긴다.

보통 내향적인 사람은 특별히 할 말이 없는 한 말을 별로 하지 않는다. 그러나 일단 생각을 정리하고 나면 마다하지 않고 그 생각을 공유하기도 한다. 외향적인 사람은 본인의 생각을 거리낌 없이 큰 소리로 말하기 때문에 그들의 의견이 더 자주 들리는 건 그리 놀라운 일이 아니다.

우리는 관심 있는 주제에 대해서는 이야기를 길게 이어 갈 수 있지만 그 내용이 전달되는 방식에 주의를 기울인다. 말하는 동안 상대방의 반응을 살피다가 상대방이 너무 자주 말을 끊는 듯하면 결국 입을 닫아 버리는 경우가 많다. 우리는 몇 마디 말을 하면서도 생각을 많이 하는데, 잠시 고심하는 틈을 타 상대방이 끼어들어 말을 해 버리면 좌절감에 빠지고 만다.

한편 우리는 듣는 것을 좋아하며 실제로 듣는 데 뛰어나기도 하다. 우리는 다른 사람의 이야기에 호기심을 갖고 있으며 이야기의 상세한 내용을 즐겁게 들을 줄 안다. 내향적인 사람은 말할 때보다 들을 때가 더 많은 편이며 이런 경향은 대개 우리가 얼마나 진이 빠져 있는지와 관련이 있다. 즉 사회적으로 자극적인 상황에 오래 놓여 있을수록 우리의 말수는 더 줄어든다.

우리가 별로 말을 하지 않고 있으면 외향적인 사람들은 보통 우리가 낙담했거나 근심하고 있다고 판단한다. 하지만 우리의 이런 모습은 누군가와 대화하고 싶지 않다는 뜻이 아니라 그저 지금 당장은 말을 하기 어렵다는 뜻이다. 대부분의 경우에는 혼자 생각 중이거나 남의 이야기를 듣고 있어서 그렇다. 우리는 정말로 해야 할 말이 있을 때 말을 한다. 그리고 이렇게 꺼낸 말은 대부분 이미 머릿속에서 생각을 마쳐 올바르게 전달할 수 있게끔 정리가 된 말이다. 침묵은 우리에게 별 문제가 아니며 오히려 행복을 주는 공간이다.

오랜 통념에 반박하기란 어려운 일이다. 사람들은 한번 자신이 옳다고 믿고 나면 대개 타인의 의견은 고려하지 않기 때문이다. 하지만 많은 사람이 믿는 것이라고 해서 반드시 진실이라는 법은 없다. 내향적인 사람을 향한 사회의 인식은 예전에 비해 많이 발전했으나 우리는 여전히 편견을 경험하곤 한다. 물론 그 편견은 선의의 동료들이 자기도 모르게 만들어 낸 것일 뿐이며 그것이 무의식적 편견의 본질이다.

내향인에 대한 6가지 낯선 진실

어떻게 해야 동료들이 내향적인 사람에 관한 진실을 깨달을 수 있을까? 동료 자신은 물론이고 회사가 무엇을 놓치고 있는지 파악하도록 도우면 된다. 우리는 모두 서로 다른 존재지만, 앞으로 언급할 6가지 진실은 대부분의 내향적인 사람에게 잘 들어맞는다.

▶ 내향적인 사람은 외향적인 사람이 되고 싶은 생각이 없다.

외향적인 사람들은 내향적인 사람들이 보다 외향적으로 행동하는 법을 알게 되면 더 행복해질 것이라 생각할지도 모르겠다. 한마디로 말하자면 이는 사실이 아니며 가능한 일도 아니다. 어떤 연구에 따르면 인간은 생후 4개월만 지나도 자극에 대한 반응을 바탕으로 타고난 기질을 추정할 수 있다고 한다. 즉 우리의 기질은 타고난 것이다.

내향적인 사람은 어느 조직에서든 도움이 될 수 있는 고유한 역량을 갖고 있다. 특히 깊은 사고와 전략 수립에 강하다. 우리는 무슨 일이 일어나고 있는지 예리하게 관찰하는 능력이 있으며 집단 간의 역학 관계도 잘 파악할 수 있다. 그리고 우리의 노력은 실질적인 결과로 이어진다.

우리는 우리의 강점이 무엇인지 알고 있으며 이를 다른 강점과 맞바꾸고 싶지 않다. 물론 언제든 대화 기술을 갈고닦을 수 있겠지만, 그럼에도 우리가 내향적이라는 사실에는 변함이 없을 것이다. 훌륭한 팀원이 되겠다고 더 외향적으로 변할 필요는 없다. 우리는 우리 모습 그대로 살아야 한다.

▶ 내향적인 사람은 재충전할 혼자만의 시간이 필요하다.

내향적인 사람과 외향적인 사람의 가장 큰 차이점은 아마 어디로부터 에너지를 얻는지일 것이다. 내향적이든 외향적이든 업무를 수행하려면 에너지가 필요하며, 두 부류 모두 에너지를 어떻게 채우는지 잘 안다. 하지만 에너지의 근원은 서로 다르다. 외향적인 사람은 타인과 교류하며 에너지를 재충전한다. 반면 내향적인 사람은 다른 사람과 떨어져 혼자만의 시간을 보내며 재충전한다.

그렇다고 내향적인 사람이 사교 활동을 싫어하는 것은 아니다. 의외로 우리는 사교적일 때도 있고 다른 사람과의 교류를 즐길 때도 있다. 하지만 그럴 때마다 기진맥진해 혼자만의 시간을 통해 숨을 고르고 에너지 저장고를 다시 채워야 한다. 혼자 있을 때 우리는 다시 진정한 내가 된 기분을 느낀다. 마티 올슨 래니의 표현을 빌리자면 외향적인 사람은 태양 전지판과 같아서 밖에 나가 활동할 때 에너지를 얻고 혼자 있을 때는 방전된다. 반면에 내향적인 사람은 충전식 배터리가 장착된 휴대폰과 같아서 많은 사람 사이에서도 아주 잘 작동하지만 그들과 교류하면 배터리가 소모된다. 결국 자리를 떠나 전원을 꽂고 재충전할 시간이 필요하다.

▶ 내향적인 사람은 외톨이도 아니고 부끄럼쟁이도 아니다.

내향적인 사람도 언제든 많은 사람 앞에서 훌륭하게 발표를 해낼 수 있으며 사교성이 필요한 상황에서 잘 대처할 줄 안다. 외향적인 사람보다 그 범위가 훨씬 좁아서 그렇지 사람들과 깊은 우정을 나누기도 한다. 가벼운 관계를 여럿 만들기보다는 소수의 깊은 관계를 원하는 셈이다. 결국 양이냐 질이냐의 문제다. 관계를 형성하는 일은 일종의 투자이며 우리는 그 투자가 좋은 결실로 이어지기를 바랄 뿐이다. 물론 투자 가능한 에너지의 양은 한정돼 있다.

우리는 자신의 에너지 한도를 잘 알고 있으므로 에너지를 어디에 사용할지 신중히 결정해야 한다. 우리는 보통 감정을 쉽게 드러내지 않으며, 그보다는 배려하는 마음을 행동으로 표현하기를 좋아한다. 어떤 내향적인 사람은 이렇게 말했다.

"여러분이 저희 삶에 들어와 있다면 저희에게 중요한 존재라는 뜻입니다. 아무나 저희 삶에 들어올 수 없거든요."

▶ 내향적인 사람은 보통 말하기보다 글쓰기를 선호한다.

누군가 우리에게 음성 메시지를 남기면 우리는 문자 메시지나 이메일로 응답할 때가 많다. 우리가 글쓰기를 좋아하는 이유는 글을 쓸 때는 내용을 수정할 수 있고 결국 의도하는 바를 정확히 전달 가능하기 때문이다. 당연히 실시간으로 대화하는 상황에서는 어려운 일이다. 연구에 따르면 내향적인 사람은 단기 기억보다 장기 기억에 더 많이 의존하므로 필요한 정보나 어휘를 떠올리는 데 더 많은 시간이 걸린다. 그래서 말을 할 때 머뭇거리기도 하는 것이다. 반면 외향적인 사람들은 단기 기억을 더 많이 활용하므로 모든 정보에 빠르게 접근할 수 있다.

내향적인 사람은 생각이 많다. 풍부한 내면세계와 폭넓은 아이디어는 우리가 창의력을 발휘하고 독창적인 해결책을 찾는 데 원동력이 된다. 생각을 글로 표현할 때 그 생각은 더 이해하기 쉽게 체계화되며 그 과정에서 우리의 머릿속도 정리된다.

▶ 내향적인 사람은 생각할 시간이 필요하다.

내향적인 사람은 빠르게 대답을 내놓지 않는 편이다. 우리는 천천히 생각을 정리할 것이며 심지어 생각할 시간을 더 요구한 뒤 뒤늦게 응답하기도 할 것이다. 우리가 생각을 말로 꺼내는 건 그 생각을 더 깊이 분석하기 위해서가 아니다. 이미 충분히 심사숙고를 거쳐 생각을 잘 다듬어 놓은 상태로 공유하기 때문이다.

간혹 단체 회의 시간에 자신의 생각에 빠져 회의에 제대로 집중하지 못할 때도 있다. 주위에서 벌어지는 일이 따분해서 그런 게 아니라 우리의 머릿속 생각이 더 흥미롭기 때문이다.

우리는 즉흥적인 상황이나 단체로 논의가 이뤄지는 상황에서는 창의력을 잘 발휘하지 못한다. 다른 사람의 이야기를 먼저 귀담아듣고 혼자서 깊이 생각한 뒤에 아이디어를 갖고 돌아온다. 그리고 우리는 대규모 회의에서 쉽게 무력해진다. 대신 소규모 회의에서는 확실하게 집중할 수 있으며, 상대가 한둘일 때 훨씬 더 매끄럽게 소통할 수 있다. 물론 가장 좋은 시간은 혼자서 생각할 수 있는 시간이다.

▶ 내향적인 사람은 조용한 환경에서 혼자일 때 일을 가장 잘 해낸다.

내향적인 사람은 평온한 환경을 선호한다. 내향적인 사람 중에도 혼란스러운 환경에 더 잘 버티는 사람이 있긴 하지만, 대부분은 시끄럽고 사람이 많은 환경 또는 낯선 사람들 틈에서 너무 오랜 시간을 보내고 나면 '내향성 숙취'에 시달린다.

우리는 혼자 있을수록 더 깊이 몰두해 최고의 성과를 낼 수 있다. 창의력이 더 좋아지고 기발한 아이디어를 떠올릴 수 있게 되며 집중력이 향상돼 일을 더 빨리 마칠 수도 있다. 우리는 팀원들과 협업하는 법을 잘 알고 있지만, 회의가 끝나면 조용히 일을 처리할 시간이 필요하다는 사실도 잘 알고 있다.

내향적인 사람은 특히 시끄러운 환경에서 에너지를 많이 소모한다. 만약 팀원들과 함께 시끌벅적한 식당에 가는 바람에 서로 소리를 지르며 소통해야 하는 상황이라면 에너지가 급격히 떨어진다. 이럴 경우 우리는 화장실에 몇 번이고 들락날락할지도 모른다. 정말 급해서가 아니라 그저 몇 분이라도 재충전할 시간이 필요하기 때문이다.

내향적인 사람을 향해 무의식적 편견을 갖고 있는 자는 누군가 지적해 주지 않는 한 자신이 속설을 믿고 있음을 인지하지 못한다. 게다가 아직 잘 알려지지 않은 진실을 간과해 내향적인 사람의 강점을 미처 활용하지 못하기도 한다. 심지어 내향적인 사람 역시 자신의 강점을 제대로 못 보고 놓칠 수 있다. 특히 무의식적 편견이 만연한 환경에서 지내 왔다면 말이다. 우리는 우리 자신에게 진실을 거듭 상기시킴으로써 우리가 발휘할 수 있는 강점을 확실하게 인식해야 할 것이다.

내향적인 사람이 자신과 서로를 정확히 바라볼 때, 그래서 잘

못된 통념에 맞서 진실에 힘을 실어 줄 때 모두가 행복해질 수 있다. 그때가 오면 내향적인 사람은 비로소 영향력을 발휘할 기반을 갖게 될 것이다.

내향인과 외향인의 차이점

▶ 내향적인 사람은 소수의 사람들과 친밀한 관계를 맺거나 혼자 있는 것을 좋아한다. 그리고 사색을 즐긴다. 외향적인 사람은 많은 사람과 관계 맺기를 좋아하며 말하기를 즐긴다.

▶ 내향적인 사람은 말을 하기보다 듣는 경우가 많다. 외향적인 사람은 말을 듣기보다 하는 경우가 많다. 양측 모두 말하기와 듣기를 다 잘할 수 있는데도 그렇다.

▶ 내향적인 사람은 생각을 통해 견해를 형성한다. 외향적인 사람은 대화를 통해 견해를 형성한다.

▶ 내향적인 사람은 혼자 있을 때 에너지를 얻는다. 외향적인 사람은 사회적 상호 작용을 하며 에너지를 얻는다.

▶ 내향적인 사람은 겉으로는 조용하지만 머릿속은 시끌벅적하다. 외향적인 사람은 사교적이며, 생각보다 관계에 더 집중한다.

▶ 내향적인 사람은 일반적으로 변화를 싫어한다. 외향적인 사람은 변화에 아무런 민감이 없다.

▸ 내향적인 사람은 자신이 잘 알고 신뢰하는 사람에게만 사적인 이야기를 한다. 외향적인 사람은 그 누구와도 사적인 이야기를 나눌 수 있다.

▸ 내향적인 사람은 어떤 일이든 집중할 수 있다. 외향적인 사람은 쉽게 산만해진다.

CHAPTER 5

되새기는 습관을 전진의 발판으로 삼아라

✦

당신은 당신의 친구인가?

당신의 삶에서 친구라고 여기는 사람들을 떠올려 보라. 그들은 당신과 함께하고 교류하며 더불어 성장하는 사람들이다. 당신은 어느 순간 그들과의 공통점을 발견했을 테고 그것이 모두를 하나로 묶어 주는 계기가 됐을 것이다.

친구들과 한동안 대화를 나누지 않았다면 마음속에서 왠지 그들에게 연락하고 싶다는 생각이 들기 마련이다. 그리고 함께 시간을 보내고 나면 대개 이전보다 더 끈끈해진 유대감을 느끼며 헤어진다. 물론 서로 충돌하기도 하고 좌절의 순간을 겪기도 한다. 하지만 당신은 친구들을 소중히 여기기에 그런 시간을 얼마든지 이겨 낸다. 그들이 낙담하거나 예상치 못한 어려움에 직면했을 때도 나무라거나 질책하지 않는다. 그들을 아끼기 때문에 가능한 모든 방법을 동원해 격려해 줄 뿐이다. 그들이 기분이 나쁜 상황에서는 진실을 향해 저울추를 기울여 스스로를 더 정확하게 파악할 수 있도록 하고 그 과정에서 기분이 나아지도록 도와주기도 한다.

만약 당신이 그런 상황에 처했다면 친구들 역시 당신에게 똑같이 대할 것이다. 예외도 있겠지만 진정한 친구는 힘든 시기를 함께 보내며 서로를 돕는 법이다. 누군가 "나 정말 바보 같은 짓을 했어"라거나 "난 제대로 할 줄 아는 게 없어"라고 말했을 때 다른 친구가 "그래, 네 말이 맞아. 넌 멍청하고 무능해. 사실 넌 못생기기까지 했지. 아무도 널 좋아하지 않아"라고 대답할 리 없다. 진정한 친구는 그런 부정적인 생각과 싸운다. 당신이 지금 얼마나 잘못 생각하고 있는지를 짚어 주고, 다른 사람들이 간과하는 긍정적인 진실을 마주하게 해 준다. 거짓에 진실로 맞서는 것이다.

그런데 왜 우리는 우리 스스로를 돕지 못하는 걸까? 스스로에게 자주 던지는 말들을 떠올려 보자.

"모두 나보다 자신감이 넘쳐."

"대화를 나눌 때 빠르게 생각하지 못하겠어."

"나는 너무 조용한 사람이야. 그러니 절대 성공하지 못할 거야."

"습관을 고치지 못하겠어."

"나를 바꾸기에는 너무 늦었어."

"아무도 내 생각은 신경 쓰지 않아."

친한 친구에게 이런 말을 들으면 당신은 친구의 지나친 견해를 지적하면서 긍정적인 가능성을 찾을 수 있도록 유도할 것이다. 친구의 생각을 존중하지만 진실이 무엇인지에 더 집중할 것이며, 친구가 그런 생각을 버리도록 설득하기보다 오히려 공감해 주고 실제로는 그렇지 않다는 사실을 부드럽게 알려 줄 것이다. 그렇지 않은가?

만약 이런 부정적인 말을 스스로에게 건네면 어떻게 될까? 우리 주변에 균형을 맞춰 줄 사람이 없다면 우리는 결국 부정적인 생각들을 믿게 된다. 그 생각들이 거짓일지 모른다는 의심 자체를 하지 못하기 때문에 부정적인 생각들을 그대로 수용해 버리고 결국 현실이 되고 만다. 타인에게는 그토록 관대하면서 왜 우리 자신에게 관대해지기는 어려운 걸까?

심리학자 마리나 크라코브스키의 설명에 따르면 가장 기본적인 수준의 '자기 자비'는 친구에게 대하는 것과 같은 친절함과 이해심으로 자신을 대하는 것이다. 그녀는 이렇게 말한다.

"자기 자비에 어려움을 겪는 사람이라고 해서 다른 사람을 자비롭게 대하지 못하는 것은 아니에요. 이들은 그저 다른 사람보다 자신에게 더 높은 기준을 적용할 뿐이죠."

왜 우리는 스스로에 대한 부정적인 생각은 죄다 믿으려 들면서 다른 사람이 부정적인 생각을 믿고 있으면 그게 잘못된 일임을 바로 알아차릴 수 있는 걸까? "스쿠버 다이빙은 절대 혼자 하면 안 된다"라는 말이 있다. 당신이 바다 깊은 곳에 들어간다면 이 말을 명심해야 한다. 뭔가 잘못될 때 도와줄 다른 사람이 있어야 하기 때문이다. 머릿속도 마찬가지다. 소용돌이치는 생각 속으로 혼자 다이빙해 버리면 균형을 지켜 줄 사람이 없으니 결국 엉망진창이 되기 십상이다. 지금껏 자신에 관한 모든 생각을 사실로 받아들였다면 이제는 그만둘 때가 온 듯하다. 나아가 이제는 그런 생각에 맞서고 다시 우리 자신의 친구가 돼 줘야 할 때가 아닐까 싶다.

내가 한 말이 돌아와
내 생각을 바꾼다

내향적인 사람은 크게 튀는 것을 좋아하지 않기 때문에 주변에서 우리의 공헌을 알아채지 못하는 경우도 있다. 그럼 우리는 기분이 상하기 마련이다. 게다가 이런 현상은 개인의 가치를 평가하는 것으로 이어진다. 부정적이고 잔인한 생각이 마음속에 떠오르기 시작하는데 우리는 이런 생각에 맞서지 않는다. 결국 그 생각이 우리의 일부가 돼 우리 자신에 대한 감정을 직접적으로 결정해 버린다.

언구자이자 작가인 샤드 헬름스테터의 설명에 의하면 평범한 사람이 18세가 될 때까지 "안 돼"라는 말이나, 하면 안 되는 것에 대해 듣는 횟수가 평균적으로 14만 8,000회에 달한다고 한다. 그중 대부분은 형제자매나 우리를 보호하려는 부모님, 선생님이나 학교 친구, 직장 동료, 광고 또는 미디어를 통해 듣는다. 좋은 뜻으로 하는 말일 수도 있겠지만, 수년에 걸쳐 반복되면 우리 뇌는 자신을 향해 부정적인 시각을 갖는다. 실제로 연구에 따르면 우리가 생각하는 것 중 최대 77퍼센트가 부정적이고 비생산적이며 우리에게 악영향을 끼친다고 한다. 반복적으로 들어 온 말이 현실이 되는 셈이다.

한편 헬름스테터는 많은 성인이 누군가로부터 "그래"라는 말을 들어 본 기억이 전혀 없다는 사실을 기록할 수 있었다. 즉 자신이 뭔가를 성취할 수 있는 사람이며 존재 그 자체로도 가치 있다는 이야기를 들은 기억이 없는 것이다. 자신의 가치를 드높이고 성과를 내도록 전폭적인 지지를 받으며 자란 사람조차도 힘이 되는 말을 많이 듣지는 못한다. 전부 합쳐도 14만 8,000회나되는 부정적인 말에 비하면 한 줌에 불과하다. 도대체 뇌는 어떤식으로 동작하는 걸까? 이에 대한 답으로 헬름스테터는 이렇게 말한다.

"뇌는 그저 당신이 가장 많이 말해 주는 것을 믿는다. 그리고 뇌는 우리가 말해 주는 그대로 생각을 만들어 낸다. 뇌에는 선택의 여지가 없다."

우리의 뇌는 단순히 듣는 대로 행동한다. 결국 뇌가 받아들이는 입력에 따라 우리의 사고가 결정되는 것이다. 이 모든 게 사실이라면 대사를 바꿨을 때 무슨 일이 벌어질까? 어떤 일이 벌어졌을 때 누구나 자기도 모르게 부정적인 말을 내뱉은 경험이 있을 것이다.

- ▶ 인도의 갈라진 틈에 발이 걸려 넘어지면 "꼴사나운 녀석"이라고 말한다.
- ▶ 캐비닛에 머리를 부딪치며 "도대체 왜 그래?"라고 말한다.
- ▶ 자동차 열쇠를 잃어버리고는 "또야? 제대로 할 줄 아는 게 없네"라고 말한다.
- ▶ 자식들이 멀리하기 시작하면 '난 쓸모없어'라고 생각한다.

작가 로버트 윌게머스는 웨일즈의 목회자 마틴 로이드 존스의 말을 인용한 바 있다.

"인생에서 겪는 불행은 대부분 자신의 말을 듣기만 하고 자신에게 말을 하지 않기 때문에 닥쳐온다는 사실을 알고 있는가?"

그는 우리가 아침에 일어날 때 지난날의 생각들이 우리에게 말을 걸면서 이미 지나간 문제를 되살린다고 말한다. 우리의 임무는 진실을 무기 삼아 그런 생각들에 맞서 응수하고 반격하는 것이다.

대다수의 내향적인 사람은 이렇게 못난 대사에 너무 오랫동안 익숙해져 있기 때문에 다른 종류의 대사가 존재하리라고는 상상조차 못한다. 어떤 상황에 대응할 때면 자신의 존재는 물론이고 지금까지 한 일에 대한 후회가 기본적으로 따라다닌다. 사소한 판단 실수가 수치심을 일으키는 큰 요인이 돼 몇 주나 몇 달, 심지어 몇 년 동안 마음속에서 되풀이되기도 한다. 하지만 그럴수록 우리는 실패자 역할에 더 잘 어울리는 사람이 된다. 우리에게는 언제나 더 나은 길이 존재한다.

감정은 정지하고
진실을 재생하라

대사를 다시 쓰는 데는 2가지 관점이 필요하다.

'이전 대사는 더 이상 우리에게 도움이 되지 않는다.'

'이전 대사를 새로운 대사로 대체할 수 있다.'

중요한 회의 중에 상사가 당신에게 의견을 물었는데 순간 할 말을 잃었다고 가정해 보자. 생각을 정리하고 말하기까지 단지 몇 초가 더 필요할 뿐이다. 하지만 당신이 응답하지 않으니 상사는 기회를 다른 사람에게 넘긴다. 당신은 '흠, 아쉽네'라고 생각하면서도 창피하고 당혹스럽다. 회의실의 모두가 당신이 말을 못했다는 사실에 집중하고 있다고 넘겨짚으며 그들이 '이런 못난 인간이 대체 왜 우리 팀에 있는 거야?'라고 생각할 거라 단정 짓는다.

여기서 더 나빠질 구석이 있을까? 물론이다. 이 경험을 그대로 몇 번이고 반복해서 되새기면 그렇게 된다. 고통스러운 상황을 다시 떠올릴 때마다 스스로를 향한 부정적인 시각은 강력해진다. 당신은 단순히 벌어진 일을 되새기는 걸 넘어 단정 지은 남들의 생각을 계속 강화한다. 다른 사람들이 나를 어떻게 생각하는지 더 이상 궁금해하지도 않는다. 이미 믿음의 영역에 들어섰기 때문이다. 그리고 그 믿음은 점점 심해진다. 모두가 당신의 착각대로 바라볼 것이라고 생각하기 때문에 다음 날 출근하기가 민망하기 그지없다.

하지만 사실 동료들은 당신을 전혀 신경 쓰지 않을 가능성이 크다. 그들에게는 그저 스쳐 지나가는 일이었으며 그들도 비슷한 일을 겪었던 기억을 갖고 있다. 누구나 겪을 수 있는 순간이었고 모두들 자신의 과거에 더 이상 머무르지 않는다. 따라서 만약 당신이 이 기억에서 벗어나지 못한다면 그 사건은 당신의 감정, 자존감 그리고 앞으로 발휘할 능력을 가로막는 걸림돌이 될 것이다.

과거를 잊고 앞으로 나아가려면 어떻게 해야 할까? 감정을 그대로 느끼되 진실을 통해 그 감정에 맞서야 한다.

"끔찍할 정도로 창피했어요. 절대 상사와 동료들 앞에서 바보처럼 보이고 싶지 않았죠. 하지만 그런 상황을 끊임없이 되새기며 살지는 않을 겁니다. 그들이 저를 두고 느끼는 감정은 제가 생각하는 것만큼 부정적이지 않아요. 모두 끝난 일이니 이제 훌훌 털고 나아가야죠."

지나간 일을 재생하기 시작할 때면 오히려 이를 계기 삼아 재생을 멈추고 앞으로 집중해야 할 것에 눈길을 돌리기 바란다. 감정을 무시하기보다 인정하고 느껴야 한다. 그리고 진실을 통해 감정에 맞서야 한다. 그래야만 후회에 빠지지 않고 앞으로 나아갈 수 있다. 감정을 억누르거나 무시하면 그 감정은 몇 번이고 더 강력한 힘으로 돌아와 당신을 괴롭힐 것이다.

과거에 갇혀 있을 것인가 미래로 나아갈 것인가

우리가 일평생 해 왔던 부정적인 자기 대화는 어떻게 되는 걸까? 앞으로 다르게 생각하기로 결심하기만 하면 모든 게 마법처럼 잘 풀리는 걸까? 그건 마치 태평양을 횡단하는 여객선이 방향을 정반대로 바꾸기로 결정하는 것과 같다. 이때 선장은 배가 즉시 방향을 바꾸도록 핸들을 돌리지는 않는다. 이 과정은 점진적이며 시간을 필요로 한다. 그러나 작은 움직임이 지속적으로 이어지면 시간이 지남에 따라 원하는 결과를 얻을 수 있다. 작가 대프니 로즈 킹마는 이렇게 말한다.

"계속 붙들고 있는 것은 과거만 있다고 믿는 것입니다. 놓아주는 것은 미래가 존재함을 아는 것입니다."

우리 모두 본능적으로 이 사실을 알고 있다. 영화 〈겨울왕국〉의 주제가 〈렛 잇 고(Let It Go)〉가 전 세계적으로 열풍을 일으킨 것도 이 때문이다. 변화는 매 순간마다, 매 결정마다 일어난다. 우리는 새로운 습관을 형성할 때까지 결정을 반복해 내리게 된다.

와튼 스쿨 교수 애덤 그랜트는 새로운 방향을 추구해야 할 필요성을 이렇게 설명한다.

"실수를 되돌아보는 것은 과거의 자신에게 망신을 주기 위해서가 아닙니다. 미래의 자신에게 교훈을 주기 위함이죠. '반추'는 실수에 관한 오랜 생각을 되살리는 것인 반면, '반성'은 어떻게 해야 더 나아질 수 있을지 새로운 통찰력을 찾는 것입니다."

"작년을 되돌릴 수는 없어요. 하지만 올해가 더 나아지도록 할 수는 있죠."

사람들은 자신이 바라는 완벽한 사람의 모습을 그려 놓은 뒤 그런 사람이 되지 못한다며 스스로를 꾸짖고는 한다. 자기 대화를 바꾸는 첫 단계는 스스로에게 가혹한 말을 할 때마다 날카롭게 자각하는 것이다. 그리고 이 자각을 계기로 부정적인 생각에 맞서 그 자리를 다른 생각이 대신하도록 해야 한다. 어느 순간 스스로에게 못된 말을 하고 있음을 깨달았다면 그 말을 적절한 수준의 감정으로 크게 말해 보라. 그리고 다른 사람이 동일한 목소리로 당신에게 말하고 있다고 생각하며 들어 보라. 어떤 기분이 드는가? 그런 다음 당신의 친구를 함부로 대하는 사람에게 말할 때처럼 "너 나한테 그런 식으로 말하지 마!"라고 말해 보라. 이것이 당신 스스로를 지킬 수 있는 가장 효과적인 방법이다.

임상 심리학자 스티븐 헤이즈는 자신과의 상호 작용을 두고, 운전할 때 뒷좌석에 종잡을 수 없는 동승자가 타 있는 상황에 비유한다.

"뒷좌석이 소란스럽고 난리 통이어도 당신은 눈앞의 도로에 주의를 집중해야 하죠."

이 방법은 모든 상황에 적용되지만 특히 직장에서 더 유용하다. 직장에서는 하루 종일 동료나 고객과 농담을 주고받고, 그들이 내게 무슨 말을 하는지, 그들이 나를 어떻게 생각하는지에 따라 스스로를 평가하기 때문이다. 거짓말처럼 들릴지도 모르겠지만 결코 거짓이 아니다. 당신이 스스로를 충분히 존중하지 않을 때 마음을 다잡을 수 있는 방법이며, 안 좋은 생각을 버리고 정직하고 진실되며 힘을 불어넣는 생각으로 바꾸는 방법이다. 내향적인 사람에게는 사고방식을 바꿀 수 있는 방법이다. 생각을 바꾸면 선택이 바뀌고, 선택이 바뀌면 인생이 바뀔 수 있다. 이게 바로 외향적인 세상에서 성공하는 법을 배우기 위한 토대다.

미래로 나아가기 위한 팁

스스로 부정적인 감정을 강화하는 말을 하고 있다면 앞으로 나아가기 위해 어떤 실질적인 조치를 취할 수 있을까? 다음의 방법들을 고려해 보라.

▶ "멈춰"라고 말하라.

스스로에 대해 부정적인 생각을 할 것 같으면 그 즉시 큰 소리로 "그만해"라고 외치며 강력히 맞서야 한다. 친구가 당신의 부정적인 말을 듣다못해 지쳐 "그만해"라고 말하는 모습을 떠올리며 비슷하게 말해 보라. 부정적인 기운의 악순환은 벗어나기 어렵기 때문에 이렇게 직접 그 고리를 끊어 내야 한다.

▶ 긍정적인 사람들을 주위에 두라.

연구에 따르면 다른 사람들이 우리에게 어떻게 말하는지 듣기만 해도 긍정적으로든 부정적으로든 스스로에게 하는 말에 영향을 준다고 한다. 이건 현실을 무시하는 '긍정적 사고'가 아니다. 부정적인 자기 대화에 대처할 수 있도록 우리에게 진실을 전해 줄 사람들과 시간을 보내야 한다는 뜻이다.

▶ 자기 대화를 할 때는 2인칭 대명사를 사용하라.

"내가 저지른 실수를 더 이상 곱씹으면 안 돼"라고 말하는 대신 '너'라는 단어를 통해 스스로에게 지시해야 한다.

"너, 네가 저지른 실수를 더 이상 곱씹지 마. 이미 끝난 일이니 전부 털어 버려."

그리고 다음에 더 잘할 수 있기를 바라기만 하지 말고 스스로에게 무엇을 해야 하는지 명확하게 말하라. "저는 무엇을 해야 할까요?"라고 묻는 이에게 뭐라고 대답할지 생각해 보라. 그 사람에게 건네는 대답이 곧 당신이 스스로에게 해야 할 말이다. 이 기술은 주로 운동선수들이 최고의 결과를 내기 위해 사용하는 방법이지만, 당신 역시 얼마든지 사용할 수 있다.

▶ 지나가는 생각은 그냥 지나가게 하라.

부정적인 생각이 떠오를 때 그 생각을 애완동물처럼 먹이를 주고, 보살피고, 놀아 주면 안 된다. 그 생각은 진실이 아니라 그저 마음속을 스쳐 지나가는 생각임을 인지하고, 그 생각이 더 이상 머무르지 않고 완전히 떠나가도록 해야 한다.

▸ 자신만의 고유한 기질과 기술을 활용하는 간단한 해결책을
  찾아보라.

성공적인 삶, 성공적인 커리어를 위해서는 누구나 전력을 다
해야 한다. 하지만 그렇다고 자신이 아닌 다른 사람이 될 필요는
없다. 내키지 않는 일을 처리할 때 자신의 강점을 어떻게 활용해
야 할지 배우기만 하면 된다. 예를 들어 콜드콜이 업무의 일부인
경우, 잠재 고객에게 먼저 잘 쓴 이메일을 보내서 통화하기 좋은
분위기를 조성하라. 자신이 주관자가 아닌 회의나 대화에 참여
할 때는 자신만의 안건을 미리 작성해 준비하라.

내향적인 성격이 골칫거리라고 생각한 적이 있는가? 그렇다
면 그렇게 생각하지 말라. 당신의 내향성에 대해서 무엇이 진실
이고, 어떤 긍정적인 점이 있는지 판단해 스스로에게 자주 이야
기하기를 바란다.

"나는 함께 지내기 편한 사람이라 사람들이 좋아한다."
"나는 창조적이고 호기심이 많아서 탐구력이 뛰어나다."
"나는 깊이 생각하기 때문에 문제 해결에 능숙하다."
"나는 잘 듣는 사람이며 깊은 관계를 형성하는 법을 알고 있다."
"나는 집중력이 좋으며 방해가 되는 요소를 잘 차단할 수 있다."

외향적인 세상에서는 당신이 기여하는 바를 다른 사람들이 제대로 인정해 주지 않을 수도 있다. 하지만 그렇다고 해서 당신이 가치가 없다는 뜻이 아니다. 타인의 생각을 걱정하지 말고 자신의 역량에 집중해 몸담고 있는 분야에서 세계 최고로 거듭나기 바란다. 앞으로의 커리어를 적극적으로 관리해야 하며, 쓸데없이 지식을 과시하기보다 먼저 자신의 영역을 확실히 꿰고 있어야 한다. 그런 다음 내향성이 가진 막강한 힘을 발휘하라. 눈에 띄는 사람이 돼 당신이 만나는 모든 사람들의 삶에 변화를 일으키라. 그리고 당신 스스로를 포장하려 하지 말고 다른 사람을 빛나게 하라. 이렇게 하면 진정한 관계를 만들어 갈 수 있으며 나아가 이 세상을 변화시킬 수 있다.

Part 2
·
나만의
안전지대가
만드는 관계

신뢰도를 높이는 법부터
영향력을 발휘하는 법까지

i

The Introvert's Guide To Success In The Workplace

CHAPTER 6

노멀 원이 아니라 그레이트 원이다

✦

웨인 그레츠키는 전형적인 하키 선수의 모습과는 아주 거리가 멀었다. 그 자신도 "동네 슈퍼마켓 판매원에 더 가깝게 생겼죠"라고 말했을 정도다. 하지만 1981-1982 시즌에 그는 92골을 기록해 내셔널 하키 리그 단일 시즌 최다 골을 경신했으며 '그레이트 원(The Great One)'으로 불리게 됐다. 그는 40여 년이 지난 오늘날에도 여전히 '고트(GOAT, Greatest Of All Time)'로 꼽힌다. 한 저널리스트는 이렇게 썼다.

"그레츠키의 재능과 천재성은 시각에 있다. 하키 경기는 팬들은 물론이고 때로는 선수들에게도 혼란으로 가득 차 보일 것이다. 하지만 그레츠키는 그 혼란 속에서도 게임의 보이지 않는 패턴과 흐름을 파악할 수 있으며, 앞으로 어떤 일이 일어날지를 경기장 내 그 누구보다 빠르고 상세하게 예측할 수 있다.”

바꿔 말하자면 그레츠키는 가장 빠른 스케이터도, 가장 정교한 슈터도 아니었다. 그의 가장 큰 강점은 퍽이 어떤 위치에 도달하기 전에 퍽의 경로를 완벽히 예측할 수 있다는 점이었다. 이게 바로 우리가 '마스터 무브'라 부르는 것이다. 그레츠키는 이 마스터 무브가 자신의 플레이의 근간이 될 때까지 연구와 연습을 반복했다. 그는 주저하지 않았고 자신이 무엇을 하고 있는지를 생각하지도 않았다. 그저 경기에 나설 뿐이었다. 결국 이 마스터 무브야말로 그가 엄청나게 성공할 수 있는 비결이었다.

다윗이 골리앗을
이길 수 있었던 이유

《구약 성경》사무엘상에는 다윗과 골리앗의 대결 이야기가 나온다. 골리앗은 훈련된 전사였다. 생김새와 행동 모두 전사다웠고 갖가지 무기를 들고 다녔으며, 전투 기술에도 자신감이 충만했다. 수년간의 전투 후에도 그는 여전히 살아 있었으며 이 때문에 자신감은 더 치솟았다. 그동안의 전적이 그의 우월성을 실제로 증명해 줬다. 그는 덩치가 크고 건장했으며, 오만하고 시끄러우면서 위협적인 자였다.

다윗은 양치기 소년으로 오랫동안 양을 돌보며 살아왔다. 사람들을 이끌고 전쟁터에 나가거나 전투에 참여한 경험은 전혀 없었다. 그저 양과 어울리며 지냈을 뿐이다. 하지만 그는 자신의 솜씨와 능력을 알았기에 거인에게 겁먹지 않았다.

두 사람의 이력서를 나란히 놓아 보면 인사팀에서 어떤 사람을 채용할지가 쉽게 눈에 보일 것이다. 사교적이고 외향적인 지원자 바로 뒤에 조용하고 생각이 많은 내향적인 지원자가 면접을 보는 것 같지 않은가?

다윗은 거인의 방식으로 골리앗과 싸울 수는 없었다. 그러나 다윗은 단 하나의 기술을 개발해 싸움에서 이기고 후에 왕의 자리에까지 오르게 된다. 그는 골리앗이 상상조차 못할 무기를 지니고 있었고, 그 무기를 사용하는 능력은 세계 최고 수준이었다.

그 무기는 바로 투석구와 매끄러운 돌 몇 개였다. 골리앗의 무기에 비하면 별것 아닌 듯하다. 하지만 차이점이 있다면 다윗은 자신의 기술을 마스터했다는 점이다. 수년 동안 다윗은 포식자로부터 양들을 지켜 냈는데 그 비결이 바로 투석구였다. 아마 그는 쉬는 시간을 활용해 목표물을 더 정확히 맞히기 위한 연습에 매진했을 것이다. 누구도 그의 기술을 따라 할 수 없었다. 이게 바로 그만의 특별한 마스터 무브였다. 양 떼를 보호하며 익힌 그의 기술은 거인에게도 그대로 적용 가능한 것이었다.

내향적인 사람이 자신의 본성에서 비롯되는 기술을 세계 쳐고 수준으로 끌어올리면 앞으로 단순히 살아남는 것을 넘어 크게 성공할 수 있다. 이번 파트에서는 내향적인 사람을 위한 7가지 마스터 무브를 살펴볼 것이다. 각자의 고유한 기질에 적합한 방식으로 이 마스터 무브를 완벽하게 익힌다면 어떤 상황에서도 성공할 수 있는 토대를 마련하는 셈이다. 7가지 마스터 무브는 다음과 같다.

- ▶ 외향인의 언어로 말하는 법 배우기
- ▶ 최고의 성과를 내기 위해 에너지 관리하기
- ▶ 부드럽게 설득해 영향력 만들기
- ▶ 신뢰 쌓기
- ▶ 감성 지능 키우기
- ▶ 맞춤형 업무 환경 구축하기
- ▶ 의식적인 준비를 통해 성공 보장하기

내향적인 사람으로서 성공하는 데 필요한 구체적인 팁과 커뮤니케이션 기법을 바로 살펴볼 수도 있다. 하지만 위와 같은 마스터 무브를 먼저 익히지 않으면 우리의 성과는 미미하고 오래가지 못할 것이다. 즉 마스터 무브를 살펴보는 건 본격적으로 성공에 필요한 기술을 실행에 옮기기 전에 우리의 역량을 키우는 작업이다. 우리는 마스터 무브가 제2의 본능이 될 때까지 연습을 거듭할 것이다. 이 마스터 무브를 중심으로 전문성을 쌓으면 어떤 상황에서 어떤 일이 닥치든 모두 대처할 수 있다. 그리고 어느 환경에서든 자신의 본모습을 버리지 않고서도 '고트'의 길을 걷게 될 것이다.

CHAPTER 7

인생에 언어를 추가하면 세상이 넓어진다

✦

난 언제나 외국어를 구사해 보고 싶었다. 왜 그랬는지는 잘 모르겠지만, 외국인과 그 나라의 언어로 대화할 수 있다면 멋지겠다는 생각만큼은 확실했다. 고등학교에서 4년 동안 독일어를 배웠고 지금도 꽤 많은 문장을 기억하지만 대화를 나눌 만한 수준은 아니다. 내가 가장 좋아하는 표현을 번역하자면 "덧신을 못 찾겠어"가 되는데 남부 캘리포니아에 사는 나로서는 덧신이 무엇인지도 잘 모르겠다. 게다가 문제는 내가 자란 도시인 피닉스에는 독일어를 쓰는 사람이 많지 않아서 연습할 방법이 없었다는 점이다. 내 생각에 독일어를 배울 유일한 방법은 독일처럼 모든 사람이 독일어를 사용하는 곳에서 살아 보는 것뿐이었다.

내 아들 팀은 스페인어를 유창하게 구사할 줄 안다. 대학 졸업 후 녀석의 첫 직장은 샌디에이고의 이탈리안 레스토랑 주방이었다. 주방의 다른 직원들은 모두 멕시코인이었는데 이들은 영어를 전혀 할 줄 몰랐다. 팀은 자신의 동료들을 좋아했고 이들과 소통하고 싶었기에 간단한 대화를 나눌 수 있을 정도로 스페인어를 공부했다. 하지만 팀은 단순히 몇 마디 주고받는 것 이상을 원했다. 녀석은 언어뿐만 아니라 멕시코의 문화, 즉 그들이 어떻게 살고 어떻게 생각하는지도 이해하고 싶었다. 그들을 단순히 직장 동료가 아니라 친구로 여겼던 것이다.

결국 팀은 멕시코로 건너가 6개월 정도 스페인어 집중 강좌를 수강했고, 뒤이어 몇 달간 기독교 콘퍼런스 센터에서 자원봉사를 하며 매일 스페인어를 연습하고 구사해 볼 수 있었다. 그리고 녀석은 그곳에서 루시를 만났다. 약 6년 후 아내로 맞이할 훌륭한 여인이었다. 그녀는 영어를 할 줄 몰랐기 때문에 둘은 스페인어로 소통했다. 팀은 미국으로 돌아온 뒤에도 샌디에이고 지역에서 레스토랑 관리 업무를 이어 갔다. 당연히 부하 직원들은 대부분 멕시코 출신이었다. 그는 지난 20여 년 동안 하루하루를 거의 스페인어로만 이야기하며 보낸 셈이다.

왜 팀은 외국어에 유창해졌는데 나는 그렇지 못했을까? 녀석에게는 그럴 만한 이유가 있었다. 팀에게는 단순히 다른 언어를 배우는 것 이상으로 서로 다른 문화 사이의 소통이 중요했다. 실제 사람들과 진정한 관계를 구축하는 게 중요했고, 서로 소통하기 위해 공통의 언어를 익혀야만 했던 것이다.

낯선 언어가 통용되는 외국으로 이주해야 한다고 가정해 보라. 당신이라면 어떻게 하겠는가? 크게 2가지 선택지가 있다.

첫째, "내가 이곳의 언어를 배울 수는 없겠어. 그러고 싶지도 않고. 나랑 이야기하고 싶은 사람이 있다면 내가 쓰는 언어를 배워야 할 거야"라고 말한다.

둘째, 최대한 빠르고 완벽하게 새 언어를 배우기 위해 최선을 다한다. 수업을 듣고 사람들과 대화하며 연습을 하는 것이다. 다른 사람들과 관계를 맺기 위해 노력하며 언어를 익히고 또 그 과정에서 실제로 좋은 관계를 구축할 수 있다.

첫 번째 선택지는 며칠 동안은 효과가 있을 수도 있다. 하지만 뭔가 처리해야 할 일이 생기면 이 방법은 말도 안 된다는 사실을 곧바로 깨달을 것이다. 상대방은 당신이 누군지조차 모르니 새로운 언어를 배우려고 애쓸 만한 동기가 전혀 없다.

두 번째 선택지가 합리적인 대안이다. 간단하지만 살아가는 데 필수적인 단어나 문장을 익히면서 시작해 보자. 이를테면

"좋은 아침이에요", "감사합니다", "화장실은 어디인가요?" 같은 표현 말이다. 사람들은 당신이 노력하고 있다는 사실을 즉시 알아차릴 테고, 대다수는 당신의 노력을 높게 평가할 것이다. 일단 필요에 의해서라도 차근차근 언어를 익혀 보자. 그 언어를 자주 사용하다 보면 그 나라의 문화를 이해하게 되고 사람들과 소통하는 법도 깨달을 수 있다.

외국에 나가서 살 때 그 나라 언어에 능통하다면 분명 좋은 점이 많다. 이처럼 내향적인 사람으로서 외향적인 사람들 틈에서 살아가기 위한 첫 번째 마스터 무브는 2개 언어를 구사하는 것이다. 즉 '그들의 언어로 말하는 법'을 배우는 것이다.

외향인의 언어를
외국어처럼 연습하자

다양한 데이터가 존재하긴 하나 많은 연구에 따르면 미국인 중 최대 50퍼센트가 내향적인 성향을 갖고 있으며, 나머지 50퍼센트가 외향적인 성향이라고 한다. 물론 내향성과 외향성의 정도는 다양하겠지만, 어느 쪽으로든 한쪽으로 기울어진 사람들도 매우 많다.

그렇다고 한결같이 완전히 내향적이거나 외향적인 사람이 많은 것은 아니다. 조용히 혼자 일하기를 좋아하는 내향적인 사람도 회의에서는 자신 있게 의견을 피력할 수 있다. 반대로 외향적인 사람이 먼저 다른 사람의 아이디어를 들어 보기 위해 자신의 생각을 말로 꺼내지 않을 수도 있다. 이 사회에서 내향적인 사람의 일상은 문화 간 소통을 연습하는 것이다. 나라마다 고유의 문화가 있듯, 미국은 '외향인의 언어'가 공용어인 나라며 내향적인 사람은 그런 곳에서 살아가고 있다. 우리의 기질에 잘 맞춘 '외국어' 선택지 2가지를 다시 살펴보자.

첫째, 아무도 내향적인 사람들이 세상에 전달하는 가치를 알아주지 않는다고 불평할 수 있다. 나아가 사람들이 각성해 그 가치를 인정해야 한다고 항의할 수도 있다.

둘째, 최대한 빠르고 완벽하게 외향인의 언어를 배우는 데 집중할 수 있다. 절대 외향적인 사람이 되지는 못하겠지만 제2 언어를 통해 소통할 수 있을 것이다. 이 과정에서 외향적인 사람들의 문화를 이해하는 법, 그들을 배려하고 있는 그대로 존중하는 법을 배우게 된다.

즉 두 번째 선택지를 고르면 당신은 단순히 2개 언어를 구사하는 것을 넘어 문화 간 의사소통을 배워 진정성 있고 존중 넘치며 보람 있는 관계를 구축해 나갈 수 있다. 하지만 이런 생각이

들지도 모르겠다.

'왜 나만 노력해야 하는 거지?'

'서로 노력해야 하는 것 아닌가?'

'왜 외향적인 사람들이 나를 이해하려 노력할 수는 없는 걸까?'

맞는 말이다. 이렇게 되면 좋을 것이다. 하지만 고통을 느끼는 건 그들이 아니라 우리다. 그러니 동기와 보상도 우리에게 있는 셈이다. 넬슨 만델라는 이렇게 말했다.

"상대방이 알아들을 수 있는 언어로 한 말은 그의 머릿속으로 전달되지만, 그 사람의 언어로 한 말은 그의 가슴으로 전달된다."

팀이 다른 언어를 사용하는 사람들과 하루 종일 함께 일하는 것처럼 우리도 내향적이지 않은 사람들에 둘러싸여 하루하루를 살아간다. 우리와 그들이 서로 이어질 수 있는 유일한 방법은 그들이 노력해 주기를 기대하는 대신 우리가 먼저 나서서 주도적으로 노력하는 것이다.

이런 궁금증이 들 수도 있다.

"외향인의 언어를 배우는 건 아주 힘들 것 같은데요. 노력할 만한 가치가 있을까요?"

아주 좋은 질문이다. 나 역시 다른 언어를 배우는 것에 대해 스스로에게 같은 질문을 던진 적이 있다. 나는 고등학생 시절 독일어 수업을 재밌게 들었고 실제로 독일어를 잘하고 싶었다. 만약 독일에서 살아야 한다면 독일어를 익혀야겠다는 동기가 생길 테지만, 그런 상황이 생기지 않는 한 독일어를 더 공부하지는 않을 듯하다. 인생에 주어진 시간은 한정적이므로 어떤 성과를 원하는지 먼저 판단을 내려야 그 목표를 위해 에너지를 쏟을 수 있다. 독일어 학습은 내게 그런 목표는 아니다.

하지만 곰곰이 생각해 보니 평생 외국어를 배우며 살아 왔다는 사실을 깨달았다. 바로 외향인의 언어다. 내가 사는 세상은 대부분의 사람이 외향인의 언어에 능숙하다. 나는 외향적인 사람들의 언어를 공부했고, 그들과 매일 함께 일하면서 친해지기도 했으며 그들의 열정과 추진력, 인간관계와 문화를 학습했다. 그렇게 나도 외향인의 언어를 유창하게 구사하게 됐으나 그래도 내게는 언제까지나 제2 언어일 것이다.

외향인의 언어를 배우는 것은 실제 외국어를 배우는 것과는 다르다. 그들이 말하는 방식이 우리와 다를 뿐 우리는 외향인의 말을 알아들을 수 있다.

제2 언어에
조금씩 익숙해져라

외향인이 말하는 법

▶ 외향적인 사람은 말할 때 단어를 많이 사용하는 편이다.

내향적인 사람은 간결하며 더 적은 수의 단어로 요점을 말한다. '많은' 단어를 들어 보고 어떻게 '적은' 단어로 옮길 수 있을지 생각해 보라.

▶ 외향적인 사람은 더 추상적인 언어를 사용한다.

"그 영상은 정말 훌륭했어요"처럼 말이다. 반면 내향적인 사람은 보다 구체적인 언어를 사용한다. "영상 마지막 포인트가 정말 괄목할 만했어요"처럼 말이다. 외향적인 사람이 "훌륭해요"라고 말했다면 "어떤 점이 그렇게 훌륭했나요?"라고 더 자세히 물어보라.

▶ 내향적인 사람은 '혹시'와 같은 수식어를 자주 사용한다.

외향적인 사람이 "뭐 좀 먹으러 가자"라고 말할 것을 내향적인 사람은 "혹시 샌드위치 먹으러 갈 수 있을까?"라고 말할 것이다.

▶ 외향적인 사람은 관계에 대한 단어를 많이 사용한다.

반면 내향적인 사람은 상황이나 정보에 대한 단어를 많이 사용한다.

▶ 내향적인 사람들을 같은 공간에 모아 두면 뭔가 문제를 해결하러 든다.

"기름값이 너무 비싸서 차를 바꿔야겠어요"처럼 말이다. 외향적인 사람들은 흥미로운 주제에 집중한다. 이를테면 "낚시하러 가고 싶네요"라거나 "새로 짓고 있는 쇼핑몰에 어떤 가게가 들어올지 궁금해요" 같은 것들이다.

▸ 외향적인 사람은 단순히 삶을 즐기는 데 집중한다.

반면 내향적인 사람은 수면 아래에서 어떤 일이 벌어지고 있는지 알고 싶어 한다.

▸ 외향적인 사람은 복수형 단어를 사용하는 편이다.

"우리 좋은 곳에 왔네요"처럼 말이다. 반면 내향적인 사람은 "저는 이번 행사 재밌네요"처럼 단수형 단어를 사용한다.

외향적인 사람이 하는 모든 말에 주의를 기울이되 다른 뜻이 있을지 모른다는 것을 염두에 두기 바란다. 뭔가 확실하지 않다면 주저하지 말고 명확한 설명을 요청하라.

다른 언어를 배워야 하는 이유

외향적인 세상에서 내 본모습을 유지하며 살아가는 법을 배우는 데는 시간이 필요했다. 외향적인 사람들에게 어떤 단어를 쓰고 어떻게 다가갈지를 결정할 때는 나뿐만 아니라 그들에게 무엇이 중요할지를 고려해야 한다. 외향인의 언어를 배우면서 배우지 않았으면 모르고 지냈을 훌륭한 친구들과 교류할 수 있는 길이 열렸다. 그 외에도 내향적인 사람이 다른 언어를 배우면 좋은 점이 수도 없이 많다. 그게 타지의 방언이든 다른 기질의 언어든 말이다.

▶ 관찰력이 좋아진다.

말이 통하지 않을 때 우리는 상대방의 표정, 보디랭귀지, 미묘한 제스처를 더 유심히 관찰하게 된다. 이런 단서는 상대방과 소통하기 위해 반드시 필요하며 거기서 뭔가 눈에 띄는 패턴을 찾을 수 있다.

우리 부부에게도 비슷한 경험이 있다. 며느리 루시가 처음 미국에 왔을 때였다. 우리는 그녀와 말이 통하지 않았지만, 단지 바라보고 함께 시간을 보내는 것만으로도 그녀의 진심을 느낄 수 있었다.

내향적인 사람은 주변에서 벌어지는 일을 세심하게 관찰하는 재능을 타고났다. 이 능력은 관계를 형성하는 데 필요한 완벽한 도구다.

▶ 문제 해결 능력이 향상된다.

서로 다른 문화 간 소통은 간단한 문제가 아니다. 5단계를 차근차근 따르고 검토하면 최종 결과가 뚝 떨어지는 게 아니라는 말이다. 먼저 다른 언어의 중요 단어와 구문을 배우고 연습해 본다. 그다음 우리가 배운 것을 맞게 사용했는지 사람들의 반응을 보며 확인한다. 만약 틀렸다면 어디서 문제가 생겼는지 파악해 다르게 말을 해 본다. 이 일련의 과정에는 시간과 노력이 필요하다. 하지만 이 과정을 반복하면 할수록 최고의 해결책을 찾는 능력을 기를 수 있다.

루시가 처음 영어를 배우기 시작했을 때 그녀는 우리 가족과 함께 이런 과정을 반복했다. 얼마든지 실수해도 되는 환경이었기에 그녀는 마음껏 영어로 이야기할 수 있었고 실수에 대한 두려움도 없었다.

▶ 내향인의 언어도 더 잘 알게 된다.

우리에게 내향인의 언어는 아주 편하게 느껴진다. 오랫동안 사용해 왔기 때문이다. 하지만 그렇다고 우리가 내향인의 언어를 정확하게 잘 구사하고 있다는 보장은 없다. 우리가 하는 말은 때때로 원하는 대로 전달되지 않는다. 그 과정에서 누군가는 상처를 받고 우리의 의도를 오해하기도 한다. 다른 언어를 배울 때 우리는 의사를 정확히 전달하는 방법에 집중하기 마련이다. 이런 배움의 과정을 반복하다 보면 우리의 언어를 구사할 때도 자연스레 주의를 기울이게 된다. 더 정확하게 소통할 수 있는 방법을 탐색하는 것이다.

멕시코에서 돌아온 지 몇 달이 지나자 팀은 몇몇 주방 직원들과 스페인어로 이야기를 나눌 수 있었다. 한 직원이 "우리보다 스페인어를 더 잘하시는군요!"라고 말할 정도였다. 인간의 삶은 의사소통의 연속이다. 그러니 어떤 언어든지 정확하고 효과적으로 배우는 게 중요하다.

▸ 문화적 차이를 깨달을 수 있다.

세상에는 수많은 문화 집단이 존재하지만 그중 대부분은 우리의 레이더망에 포착되지 않는다. 하지만 우리가 어떤 언어를 적극적으로 배우기 시작하면 자연스레 그 언어를 사용하는 사람들에게도 관심이 가기 마련이다. 다른 문화를 들여다볼 때면 언제나 우리 문화와의 차이점을 발견하게 될 것이다. 차이점을 발견하면 발견할수록 그 문화 사람들이 더 실감되고 그들의 사고방식도 더 잘 이해되며 그들과 소통하기도 한층 쉬워진다. 결국 우리는 그들을 보며 "우리랑 비슷한데 좀 다를 뿐이야"라고 깨닫는다. 차이를 인정하면 모두 하나가 될 수 있다.

▸ 두뇌가 달라진다.

다른 언어를 배운다는 건 편하게 여행하기, 자막 없이 외국 영화 보기가 전부는 아니다. 다른 언어를 배우면 두뇌가 작동하는 방식이 달라진다. 능동적 활동인 말하기와 쓰기는 물론이고 수동적 활동인 듣기와 읽기에도 도움이 된다.

우리 뇌의 회백질은 사고력, 집중력, 기억력, 언어 이해력과 연관된 부위인데 연구에 따르면 여러 언어를 배우는 과정은 곧 회백질을 단련하는 것과 같다고 한다. 어떤 연구에서는 새로운 언어를 얼마나 능숙하게 익혔는지는 중요하지 않다고 밝혔다. 배움의 결과가 아니라 배우는 과정만으로도 두뇌 기능이 향상된다는 것이다.

외향인의 언어를 배워야 하는 이유

다른 언어를 배우고 싶은 내향인에게 최고의 선택은 바로 외향인의 언어로 말하기를 배우는 것이다. 외향적인 사람들이 어떤 단어를 사용하고 어떻게 생각하는지 아는 것 이상으로 외향인의 언어를 배우는 과정은 우리의 고유한 능력과도 매우 궁합이 좋다.

▶ 우리의 타고난 듣기 능력에 도움이 된다.
▶ 외향적인 사람이 무슨 말을 하는지에 집중할 수밖에 없으므로 자신보다 상대방에게 관심을 쏟게 된다.
▶ 외향적인 사람은 일반적으로 다른 사람과 대화하기를 좋아한다. 그러니 외향적인 사람에게 질문이 있거나 하고 싶은

말이 있으면 쉽게 다가갈 수 있다. 혹시 방해가 될까 걱정할 필요가 없다.

▸ 대화를 시작할 때 우리가 가진 모든 강점을 활용할 수 있다.

▸ 우리는 외향적인 사람인 척할 필요가 없으며 다른 사람 앞에서 그저 본연의 모습을 보이면 된다. 불편함을 느끼는 건 거의 우리지 그들이 아니다. 그들의 반응에 마음 졸이지 않고도 얼마든지 대화를 나눌 수 있다.

▸ 외향적인 사람들의 문화에 스며드는 가장 쉬운 방법은 짧은 대화를 나누는 것이다. 처음 스카이다이빙을 할 때와 비슷하다. 비행기에서 뛰어내리기가 제일 힘들고 그다음부터는 전혀 새로운 세상이 펼쳐진다.

▸ 내향적인 사람은 타고난 탐구력을 갖고 있어서 대화 주제를 목록으로 만들어 다닐 필요가 없다. 대화 속에서 자연스럽게 잘 듣고 질문하면서 흐름을 따르면 된다.

외향인의 언어를 쉽게 배우는 법

내향적인 사람으로서 외향인의 언어를 더 쉽게 배울 수 있는 방법은 많다.

▸ 작은 위험부터 감수하라.

우리가 약간의 불편함을 느낄 만한 일을 떠올려 보고 그 일부터 테스트해 보라. 몇 번 테스트를 거치면 더 이상 위험하게 느껴지지 않을 테고 그 이후로는 더 많은 일을 시도할 수 있다. 예를 들면 외향적인 사람에게 간단한 정보를 요청해 볼 수 있다.

"오늘 회의 안건 목록을 갖고 계신 것 같던데, 어디서 나눠 준 건지 저는 못 받았어요. 오늘 일정만 파악하려고 하는데 목록 좀 잠깐 볼 수 있을까요?"

▸ 자주 연습하라.

무엇이든 연습을 많이 할수록 더 쉬워진다. 누군가를 마주칠 때 간단한 질문을 던져 볼 수 있겠다. 그 사람은 마트의 계산원이나 카페의 바리스타 또는 대기 줄의 옆 사람일 수도 있다. 짧고 간단하게 그리고 자주 실천하라.

▸ 외향적인 사람이 쓴 글을 읽어라.

외향적인 사람이 소셜 미디어 또는 사내 뉴스레터에 쓴 글이 있는지 확인해 보기 바란다. 그들이 보낸 이메일을 살펴보는 것도 좋다. 이를 통해 그들이 무엇을 중시하고 어떻게 소통하는지 감을 잡을 수 있으며, 결국 우리가 그들과 어떻게 교류해야 할지 깨달을 수 있다.

▸ 회의록을 작성하겠다고 자원하거나 참관인으로 회의에 참

여하겠다고 제안하라.

회의록 작성은 회의에 적극적으로 참여해야 한다는 부담감 없이 일을 해낼 수 있는 좋은 방법이다. 그리고 참관인 역할을 잘 수행하면 리더가 자칫 놓치기 쉬운 가치 있는 의견을 발굴하도록 도울 수 있다. 리더는 에너지 넘치는 외향적 구성원들이 의견을 공유하는 것을 보며 회의가 잘 흘러갔다고 판단하지만, 그런 상황에서는 조용한 구성원들이 제대로 목소리를 내기 어렵다. 우리는 회의가 끝난 후 말수가 적은 구성원들과 이야기를 나누며 그들이 미처 제안하지 못한 아이디어를 들어 볼 수 있을 것이다. 이를 취합해 리더에게 요약본을 제공하는 것도 가능하다. 어쩌면 리더가 회의 참가자들에게 회의 후에 새롭게 떠오른 아이디어를 공유해 달라고 요청할지도 모른다. 이때 만약 우리를 아이디어 수집 담당자로 지정한다면 우리는 며칠이 지난 뒤 구성원들에게 리마인드 메일을 보내는 식으로 기여할 수 있다.

▶ 완벽해지기를 포기하라.

내향적인 사람은 대화가 매끄럽지 않았던 순간을 떠올리는 경향이 있다. 그러면서 다른 사람들이 자신을 실패자로 여기리라고 짐작한다. 실수에 연연하는 태도는 앞으로 나아가고 성장하는 데 방해가 된다. 계속 넘어지면서 걸음마를 배우는 아기를 떠올려 보라. 넘어지는 건 아프지만 배우고자 하는 열망으로 다시 일어나기를 반복하는 것이다. 이런 말도 있다.

"비틀거림도 춤의 일부로 만들라."

▸ 미소에는 언어가 없다는 점을 명심하라.

자주 미소 짓기 바란다. 미소는 타인과의 접점을 찾아 주는 감정의 악수와도 같다.

중요한 건 결과가 아니라 과정이다. 외국어든 다른 기질을 가진 사람의 언어든 하루아침에 낯선 언어를 능숙하게 익히기란 불가능하다. 하지만 그렇다고 포기해서도 안 된다. 아무리 시간이 오래 걸릴 것 같아도 말이다. 가능한 한 꾸준히 작은 발걸음을 내딛어 보자. 그리고 시간이 흐르며 복리 효과가 만들어 낼 결과를 믿어 보자. 그럼 그 결과는 뭘까? 바로 어떤 상황에서도 주눅 들지 않고 효과적으로 소통하는 능력을 갖추는 것이다.

CHAPTER 8

에너지
절전 모드를
사용하라

✦

상사가 당신에게 "시간 관리 교육 과정에 보내 드릴게요"라고 말한다면 어떻게 반응할 것인가? 대부분은 '시간 관리 교육을 들을 시간이 없는데'라고 생각할 것이다. 끝이 보이지 않을 정도로 긴 할 일 목록, 시시각각 밀려드는 일정, 무수히 쏟아지는 요청 때문이다. 해야 할 일은 산더미처럼 쌓여 있는데 아무리 일하고 또 해도 결코 줄어들지 않는 것만 같다. 그러니 대부분의 사람은 '시간 관리'라는 말을 부정적으로 받아들인다. 분명 도움이 될 만한 기술인데도 말이다.

시간 관리라고 하면 스트레스, 압도당하는 기분, 부족한 통제력, 타인의 기대에 휘둘리는 모습이 연상된다. 직장에서 우리는 보통 '그래, 월급 나오니까 일단 열심히 다 해 봐야지'라고 생각한다. 하지만 그러다 도저히 탈출구를 찾을 수 없으면 뭔가 해결책을 찾기를 바라며 시간 관리 교육을 이수한다.

나는 30년이 넘도록 시간 관리를 가르쳐 왔지만, 시간 관리는 결코 해결책이 아니라고 단언할 수 있다. 왜일까? 애초에 불가능하기 때문이다. 시간 관리라는 말은 그 자체로 모순이다. 시간은 관리할 수 있는 게 아니다. 우리는 시간을 더 많이 갖거나 시간을 저장해 둘 수 없다. 시간은 지구상의 모든 사람에게 똑같이 주어진다.

그렇다면 왜 어떤 사람은 그토록 많은 일을 해내는 반면 어떤 사람은 그렇지 못하는 걸까? 우리가 관리할 수 있는 건 선택뿐이다. 우리에게 앞으로 10분이 주어진다면 그 시간 동안 무엇을 할지 선택할 수 있다. 예를 들면 동영상을 보거나, 간식을 준비하거나, 잠시 산책을 하며 시간을 보낼 것이다. 동료와 대화를 나누거나, 새로 시작할 프로젝트의 개요를 작성하거나, 고객에게 이메일을 보낼 수도 있다. 10분 동안 무엇을 할지 결정하는 것은 자신의 몫이므로 이 10분의 가치를 결정하는 사람 역시 자신뿐이다.

결국 시간을 관리하려면 선택을 관리해야 한다. 해야 할 일을 전부 해내기 어려운 상황이라면 모든 가능성을 검토해 본 뒤 우선순위가 높은 일부터 집중해 완수해 나가야 한다. 선택을 잘 관리해야 좋은 결과는 물론이고 마음의 안정과 행복을 얻을 수 있다.

내향적인 사람이든 외향적인 사람이든 주어진 시간의 양은 동일하며 그 시간 동안 무엇을 할지 선택해야 한다. 하지만 내향적인 사람에게는 다른 변수가 존재한다. 바로 에너지다.

에너지는 내향적인 기질과 외향적인 기질 사이의 주된 차이점 중 하나다. 인간이라면 누구나 사회 환경에서 에너지를 소모한다. 마치 자동차가 연료를 소모해 주행하는 것과 같다. 내향적인 사람과 외향적인 사람 모두 연료를 채워야 하는데 여기서 차이가 발생한다. 외향적인 사람은 다른 사람들과 있을 때 에너지를 충전하는 반면 내향적인 사람은 홀로 시간을 보내며 에너지를 충전한다.

에너지 드링크의 인기를 떠올려 보라. 에너지가 부족할 때면 편의점에서 에너지 드링크 한 캔을 사서 마시고 싶은 유혹이 밀려온다. 이것만 마시면 필요한 에너지를 얻을 수 있다는 기대감에 사로잡힌다.

외향적인 사람에게 에너지 드링크란 빠른 속도를 조금 더 지속시켜 주는 수단이다. 한편 내향적인 사람에게 에너지 드링크는 에너지가 고갈됐을 때 다시 행동에 나서게 해 주는 도구다.

두 경우 모두 단기적인 해결책인 셈이다. 자동차에 연료를 몇 리터 정도만 넣고 연료가 떨어질 때까지 달린 뒤 다시 연료를 몇 리터만 채우고 달리기를 반복한다고 상상해 보라. 차라리 중간에 또 멈출 필요가 없도록 연료 탱크를 가득 채우는 게 더 현명하지 않겠는가?

내향적인 사람의 에너지 충전과 외향적인 사람의 에너지 충전은 달라 보이지만 그 경계는 분명하지 않을지도 모른다. 어쩌면 우리도 외향적인 사람들이 모임에서 에너지를 얻는 모습을 지켜보며 똑같이 해야겠다고 생각할 수도 있다. 하지만 그건 우리의 방식이 아니다. 의식적으로 사람들과 멀어지는 방법을 찾지 못하면 에너지를 충전하지 못해 고갈돼 버리고 말 것이다. 연료가 바닥나면 폭스바겐이건 람보르기니건 아무 데도 갈 수 없다.

다이아몬드가 만들어지는 데는 엄청난 압력과 오랜 시간이 필요하다는 이야기를 모두 들어 봤을 것이다. 다이아몬드 이야기를 사람에 적용하면 성공하기 위해서는 앞으로 평생 끊임없이 압박을 감수하고 살아야 한다는 뜻이 된다. 내향적인 사람이 이 말을 들으면 전부 포기하고 몇 달간 드라마나 몰아서 보며 지내고 싶어질 것이다.

내향적인 사람에게 더 잘 들어맞는 비유가 있다. 빵 반죽은 휴지기를 거쳐야 부풀어 오른다는 것이다. 휴지기 없이 급하게 빵을 만들려다가는 부드럽고 따뜻한 사워도우 빵이 아니라 거대하고 뻑뻑한 크래커가 만들어질 뿐이다. 직관에 반하는 것처럼 들리겠지만 내향적인 사람에게 휴식은 생명이나 다름없다. 휴식은 뭔가 힐 수 있는 시간에 게으름을 피우고 비생산적인 활동을 하는 게 아니다. 휴식은 우리가 성공하는 데 필요한 에너지의 원천 그 자체다.

그렇다면 휴식이야말로 최우선 순위가 돼야 한다. 사회에서 살아남기 위해 내향적인 사람이 외향적인 척하는 게 비생산적인 이유가 여기에 있다. 외향적인 사람의 행동이나 태도만 따라 한다고 되는 게 아니고 그들의 에너지까지 모방해야 하는데, 우리가 그렇게 했다간 에너지가 모조리 고갈되고 말 것이다.

내향적인 사람에게 에너지 관리는 선택 사항이 아니라 살아남고, 성공하는 데 굉장히 중요한 요소다. 그렇기 때문에 직장에서든 인생의 어느 분야에서든 성공에 필요한 두 번째 마스터 무브로 선정된 것이다.

재충전 시간을
미리 마련해 두자

내향적인 사람이 에너지를 소모할 만한 상황을 생각해 보자.

- 회의에 참여한다. 심지어 의견을 내야 한다.
- 일정이 빡빡하고 적극적으로 참여해야 하는 콘퍼런스에 참석한다.
- 회의나 발표 때문에 밤새 이동한다. 사람들로 붐비는 공항, 항공편 연결, 제시간에 도착해야 한다는 압박, 시차 적응 문제는 기본이고 목적지에 도착해서 업무상 만날 사람들과도 소통해야 한다.
- 점심 미팅에 참석하느라 혼자 재충전할 시간을 갖지 못한다.
- 끊임없이 찾아와 수다 떨고 싶어 하는 고객과 이야기를 나눈다.
- 쉼 없이 전화나 화상 통화를 한다.
- 휴식을 취하러 휴게실에 갔는데 시끄러워서 쉴 수가 없다.
- 퇴근 후 동료들과의 회식에 참여할지 말지 결정해야 한다.
- 팀 빌딩 행사에 참여한다.
- 재택근무 중이지만 리더는 물론이고 다른 팀원들에게도 업무 중임을 보여야 한다.
- 개방된 사무실 환경에서 지치지 않고 집중해 업무를 볼 수 있는 시간을 마련해야 한다.

이 상황들은 모두 흔히 일어날 수 있다. 하지만 외향성의 냄새가 강하게 나는 건 사실이다. 그게 나쁘다는 뜻은 아니다. 그저 내향적인 사람만의 고유한 업무 스타일과 거리가 멀 뿐이다. 이런 환경에서 외향적인 사람은 큰 문제없이 일할 수 있겠지만, 내향적인 사람은 단순히 자신의 업무를 수행하는 데만도 추가적인 에너지를 소비해야 한다.

우리는 '일단 이번 일만 잘 넘기면 좀 쉴 수 있겠지'라고 생각하곤 한다. 다음에는 더 나을 거라고 믿어 보지만 결국 위기 다음에 또 위기를, 역경 다음에 또 역경을 겪기 마련이다. 문제는 이렇게 살다 보면 우리의 자연스러운 업무 방식이 망가지고 삶의 질 또한 떨어진다는 것이다. 우리는 항상 결코 오지 않을 평온하고 잘 정돈된 미래를 쟁취하기 위해 고군분투한다. 지금 이 순간에도 스트레스를 받으면서 말이다.

대부분의 사람은 가용 시간을 기준으로 일정을 짠다. 빈 시간이 있으면 다른 사람들이 제안하는 일정으로 채우면서 '어차피 한가할 듯하니 수락해야겠지'라고 생각한다. 하지만 제안을 수락할지 말지 결정하는 더 나은 방법은 그 일정을 소화하는 데 필요한 에너지와 해당 시점의 예상 가용 에너지를 비교해 보는 것이다.

예를 들어 3시간에 걸쳐 화상 회의를 진행한 후에 1시간 정도 짬이 생겼다고 가정해 보자. 다른 동료가 잠시 이야기 좀 나누자고 한다면 이를 수락해야겠다는 생각이 절로 들 것이다. 이때 더 생산적이고 헌신적인 방안은 그 1시간을 온전히 자신만의 시간으로 남기고 재충전을 위한 활동을 하는 것이다. 그동안 읽고 싶었던 기사를 읽거나, 오래된 이메일을 정리하거나, 등록해 놨던 온라인 강의를 듣는 식으로 말이다.

당신의 선택에 정답은 없다. 그저 재충전할 수만 있다면 뭐든 괜찮다. 재충전 활동을 캘린더에 등록해 두면 누군가 시간 좀 내줄 수 있냐고 물었을 때 "이미 일정이 있습니다"라고 대답할 수도 있다.

방전되지 않도록
에너지를 관리하라

에너지 관리의 핵심은 무엇일까? 얼 나이팅게일은 이렇게 말했다.

"대다수의 사람이 하는 일을 보고 정반대로 행동하세요. 그럼 아마 평생을 문제없이 살 겁니다."

외향적인 사람의 뒤를 따라가다 보면 번아웃에 빠지고 끊임없이 에너지 위기를 겪게 된다. 핵심은 이런 결정 대신 새롭고 창의적이며 독특한 대안을 선택하는 것이다. 먼저 다른 선택을 할 수 있다는 사실부터 깨달아야 한다. 그다음 매일 그 행동을 실천하기 위해 차근차근 한 걸음씩 나아가는 게 중요하다.

그럼 '정반대'의 결정을 내리는 데 도움이 될 만한 몇 가지 사례를 살펴보자.

에너지를 효율적으로 사용하는 법

▶ 거절하는 법을 배우라.

스티븐 코비는 이렇게 말하곤 했다.

"마음속 더 깊은 곳에 '예스!'가 불타오르고 있다면 '노!'라고 말하는 건 쉬운 일입니다."

우리가 열정을 쏟고 있는 목표가 명확하다면 다른 좋은 기회가 찾아와도 거절할 수 있을 것이다.

▶ 자신과의 약속을 선점하라.

한 주가 시작되기 전에 미리 주간 계획을 세우면 특히 자신과의 약속을 잡아 놓으면 다른 사람의 요청으로 일정표가 채워지는 일을 막을 수 있다. 이렇게 되면 매일 하루를 시작하기 전에 일정을 세밀하게 조정 가능하다.

▶ 자신과의 약속을 상사와의 중요한 회의처럼 여겨라.

누군가 "내일 아침 9시에 통화 좀 할 수 있을까요?"라고 물었다. 그런데 이미 그 시간에 프로젝트에 집중하거나 그간의 대화와 회의를 소화하기 위한 자신과의 약속이 잡혀 있다면 이렇게 말하라.

"그 시간에는 선약이 있어서요. 11시부터 30분 정도 시간이 나는데 그때는 어떠신가요?"

시간을 내지 못하는 이유를 굳이 설명할 필요는 없다. 그냥 불가능하다고 말해도 좋다.

▶ 에너지 수요를 검토하라.

좋은 기회가 찾아왔는데 결정이 자신에게 달려 있다면 수락하겠다는 말이 저절로 나올 테지만 우리는 얼마든지 이런 자동적인 반응을 저지할 수 있다. 일단 스스로에게 다음 질문들을 던져 제안을 평가해 보라.

'이 일에 얼마나 많은 에너지가 필요할 것인가?'

'실제로 에너지가 필요할 때 그만큼 공급이 가능할 것인가?'

'일을 마친 뒤 곧바로 재충전이 가능할 것인가?'

'이 시간 동안 가능한 일 중 가장 가치 있는 일인가?'

'만약 수락한다면 에너지가 채워지는 기분이 들 것인가 아니면 에너지가 고갈되는 느낌이 들 것인가?'

'일을 마친 뒤 에너지가 채워지는 기분이 들 것인가 아니면 에너지가 고갈되는 느낌이 들 것인가?'

때로는 거절이 불가능하기도 하다. 그럴 경우에는 에너지 자원을 최대화하는 창의적인 방도를 떠올려서 에너지가 고갈되기보다는 채워지는 방향으로 과업을 완수해야 한다. 예를 들면 과업 전후로 여유 시간을 두고 중간에 잠깐의 휴식 시간을 확보해 놓을 수 있겠다.

▶ 계속 움직여라.

사무실에서 일하든 원격 근무를 하든 우리는 규칙적으로 일어나거나 몸을 움직여야 한다. 잊지 않고 주기적으로 자리에서 일어나 움직이도록 타이머 또는 알람을 설정하거나 피트니스 트랙커를 착용해 볼 수 있겠다. 프로젝트를 진행하다 보면 자연스레 몰입하게 될 테지만 우리 몸을 움직이는 것 또한 매우 중요하다. 사무실을 한 바퀴 돌거나, 계단을 통해서 일부러 다른 층의 화장실에 가거나, 집 밖으로 나가 5분 정도 산책을 해 보자.

에너지에서 중요한 건 양이 아니라 빈도다. 여러 번의 작은 움직임이 우리의 뇌를 재충전하고 업무에 활력을 불어넣어 줄 것이다.

▶ 숨어라.

사무실에 있는데 사람들이 계속 방해가 된다면 다른 장소에서 1시간 정도 업무를 봐도 좋다. 사무실과 조금 떨어져 있는 빈 회의실이나 근처 카페가 좋은 예다. 다른 중요한 회의와 마찬가지로 캘린더에 일정을 등록해 두면 방해받지 않고 시간을 온전히 사용할 수 있다. 무슨 일을 하는지까지 말할 필요는 없다, 그저 일정이 있는 것일 뿐이다.

▸ 서두르지 말라.

내향적인 사람은 압박감을 받으며 일할 때 특히 더 지친다. 물론 프로젝트의 요구 사항이나 중요한 마감일 때문에 어쩔 수 없이 압박감에 시달리는 경우도 있다. 이런 압박감을 극복하려면 모든 업무를 더 일찌감치 준비해 앞으로 밟아 나가야 할 과정들을 목록화해야 한다. 그리고 그 과정을 하나하나 캘린더에 등록해 시간을 확보하기 바란다. 그래야만 과업을 진행하면서도 에너지를 계속 유지할 수 있다.

▸ 생각하기를 우선시하라.

내향적인 사람은 깊은 사고력을 타고났지만 그만큼 응답이 느리기도 하다. 깊은 사고력은 우리의 핵심 능력 중 하나이므로 이를 일상에 녹이기 위한 방법을 찾아내야 한다. 단순히 15분 정도 시간을 내서 곰곰이 생각해 보자는 게 아니다. 주어진 업무에 대해 충분히 생각해 볼 수 있도록 의식적으로 하루를 여유 있게 보내야 한다는 뜻이다.

"그런데 이미 너무 벅찬걸요. 여기서 더 느리게 하면 더 감당할 수 없어질 테죠"라고 말하는 사람도 있을 것이다. 물론 책상 위에 발을 올려 두고 벽만 바라보면서 고민을 계속할 수는 없다.

그래도 우리가 활동하고 업무를 보는 중간중간에 작은 여유를 둔다면 더 좋은 아이디어나 해결책을 더 빠르게 떠올릴 수 있다. 이게 바로 우리의 뇌가 동작하는 방식이기 때문이다. 직관적으로 들리지는 않겠지만 이렇게 하면 끝없는 긴급함의 압박에서 벗어날 수 있다. 그 결과 우리의 에너지, 말하자면 연비가 기하급수적으로 늘어나게 된다.

방전된 에너지 재충전 하는 법

다른 사람과 상호 작용할 때마다 우리는 에너지를 소모한다. 대면으로든 원격으로든 끊임없이 소통이 필요한 직군에 속한 경우라면 결국 에너지가 바닥나고 말 것이다. 끊임없이 일이 들이닥치는 공장 직원이든, 걸려 오는 전화를 못 본 체할 수 없는 개인 사업자든 모두 똑같다. 에너지가 부족하다는 건 최대한 빨리 에너지를 다시 충전해야 한다는 뜻이다. 길게 휴식을 취할 때도 있고, 몇 분만 쉬어야 할 때도 있을 것이다.

내향적인 사람이 특히 지칠 때는 사교 모임이나 콘퍼런스에 참석할 때다. 에너지 충전이 필요하면 잠시 화장실에서 휴식을 취해도 되고 바깥에서 몇 분 정도 시간을 보내다 돌아와도 된다.

예를 들어 콘퍼런스에서는 세션 간 휴식 시간이 주어질 때 참석자들은 대부분 서로 이야기를 나누며 시간을 보낸다. 반면 내향적인 사람은 휴식 시간을 다른 방식으로 보낼 수 있다. 대화에 참여하지 않기 위해 일부러 사람들 사이를 걸어 다니는 것이다. 누군가가 멈춰 세우면 "오, 반갑습니다. 몇 분 후에 다시 올게요" 라고 말하면 끝이다. 이 방법은 신체적 움직임을 동반한다는 장점이 있으며, 바로 대화에 참여하지 않고 잠시 물러나 다음에 만날 때를 대비할 수 있다는 장점도 있다. 내향적인 사람이라면 다음의 아이디어들을 고려해 볼 수 있다.

- 자신을 외향적인 사람과 비교하지 않는다. 외향적인 사람이 어떻게 다른 사람과 관계를 맺는지도 신경 쓰지 않는다. 우리는 그들과 다르기 때문에 본모습 그대로를 유지하면서 우리만의 강점을 활용하는 법을 배워야 한다.
- 휴식을 절대 시간 낭비로 여기지 않는다. 휴식은 우리가 최고의 역량을 발휘하도록 해 준다.
- 먼저 에너지 예산을 책정한 뒤 그간의 경험을 바탕으로 에너지를 얼마나 쏟아야 할지 결정한다. 그리고 한번 확정한 에너지 예산은 변경하지 않는다.
- 에너지를 채워 주는 활동이 무엇인지 파악해 그 활동에 더 집중한다.
- 혼자만의 시간을 충분히 확보해 사교 활동 숙취에 시달리지 않도록 한다.
- 시끄럽고 북적이는 곳은 가급적 피한다. 주변 소음으로 에

너지를 낭비하지 않고 아껴 둬 중요한 일에 사용할 수 있도록 한다.

▸ 늦은 시간까지 집에 들어가지 못하는 날은 하루를 늦게 시작한다. 하루를 일찍 시작한 날은 집에 일찍 들어간다.

▸ 가능한 한 개인적인 대화를 통해 업무를 처리하고 대규모 회의는 되도록 지양한다. 회의를 주최해야 하는 상황이라면 언제, 어디서, 얼마나 오래 진행할지를 직접 결정해 남들의 선택에 휘둘리지 않도록 한다.

▸ 저녁에는 전화를 받거나 이메일을 확인하는 등의 업무를 하지 않는다. 다음 날을 위해 재충전할 시간을 확보해야 한다.

▸ 에너지가 줄어들고 있다는 걸 느끼면 사교 모임에서 일찍 벗어나 에너지를 유지한다. 어차피 아무도 눈치채지 못한다.

마이너스가 되는 선택
플러스가 되는 선택

몇 년 전 이런 말을 들은 적이 있다.

"당신이 죽을 때가 돼도 여전히 마치지 못한 할 일 목록이 남아 있을 겁니다. 중요한 일에 집중해야 해요."

너무나 인상적인 말이었다. 우리 인생에서 선택에 대해 이야기할 때 곱씹어 볼 만한 말이기도 하다. 당신의 인생은 지난 수

년 동안 당신이 내린 모든 선택의 총합으로 이뤄진다. 살면서 얼마나 많은 매출을 올렸든, 안 읽은 메일을 언제나 0으로 유지했든, 해마다 좋은 성과를 내 상을 받았든 당신의 장례식이 열릴때는 모두 전혀 의미가 없다. 사람들이 기억하는 건 당신이 그들에게 어떤 인상을 남겼는지다.

내향적인 사람은 언제나 문제를 해결하려 애쓰기 때문에 만족스럽지 않은 삶을 살기 쉽다. 그렇다고 외향적인 사람의 방식으로 일을 처리하려고 하면 우리만의 고유한 방식으로 세상에 기여할 수가 없다. 은퇴할 때쯤 보상을 받으리라 믿으며 전속력으로 달려도 결국 50년이 지난 뒤에 남는 건 별 의미 없이 쌓인 인맥과 전혀 중요하지 않은 일에서 성공했다는 기록뿐일 것이다.

인생에 더 많은 것을 채우려 들지 말라. 당신에게 중요한 사람과 일을 파악하고 거기에 집중하라. 인생의 목표를 명심하며 산다면 인생을 어떻게 살아야 할지 더 쉽게 결정할 수 있다. 쉬나아이엔가 교수는 이렇게 말했다.

"선택할 때는 좀 더 까다로워져야 한다."

100달러 지폐를 떠올려 보라. 지폐 그 자체로는 아무런 가치가 없다. 그저 특정한 방식으로 인쇄된 종이 쪼가리에 불과하다. 이 종잇조각으로 무엇을 할지 결정할 때 비로소 가치가 생긴다.

'영화를 보러 가는 데 사용한다면 이 종이에는 오락의 가치가 있다.'

'음식을 먹는 데 사용한다면 이 종이에는 영양의 가치가 있다.'

'도움이 필요한 사람에게 기부한다면 이 종이에는 자비의 가치가 있다.'

'자동차 할부금을 내는 데 사용한다면 이 종이에는 운송의 가치가 있다.'

외향적인 사람의 방식으로 에너지를 얻으려고 하지 말라. 그냥 자신과 더 많은 시간을 보내면 된다.

▸ 더 자주 거절하는 법을 배우라.

▸ 일정에 휴식 시간과 여유 시간을 더 많이 확보하라.

▸ 에너지를 불어넣는 일을 더 많이 하라.

▸ 내향적인 사람들과 어울리며 시간을 보내라.

▸ 미리 '사교 활동 에너지 예산'을 책정해 에너지를 과도하게 사용하지 않도록 하라.

시간도 마찬가지다. 본질적으로 1분이라는 시간은 가치가 없다. 그 1분 동안 무엇을 하기로 선택하는지에 따라 가치가 달라진다. 돈이 시간과 다른 점은 꼭 쓰지 않아도 된다는 점이다. 돈은 저축하거나 투자할 수 있으며 서랍에 넣어 둬도 된다. 하지만 시간을 그렇게 다룰 수는 없다. 시간은 끊임없이 흘러간다. 주어진 시간 동안 무엇을 할지 결정하지 못하면 다른 누군가가 결정한 대로 따라야 한다.

어떤 선택은 당신의 삶에 에너지를 더하는 반면 어떤 선택은 에너지를 고갈시킬 것이다. 생산성 향상에만 도움이 되는 선택을 하면 할 일 목록의 더 많은 항목들에 완료 체크를 할 수야 있겠지만 인생의 큰 그림을 변화시키기는 어려울 것이다. 의미 없는 체크 표시는 참가상이나 다름없다. 그럴싸해 보이지만 아무도 신경 쓰지 않으며 영향력도 전혀 없다.

내향적인 사람이 에너지를 필요로 하는 건 단지 비축해 두고 싶어서가 아니다. 타인의 삶에 변화를 일으키기 위해 에너지를 모으는 것이다. 월트 디즈니는 이렇게 말했다.

"그저 돈을 벌고 싶어서 영화를 만드는 게 아니에요. 영화를 더 많이 만들기 위해 돈을 버는 거죠."

에너지 관리는 평생의 여정이다.

CHAPTER 9

과장을 덜고
진실하게
다가가라

◆

어젯밤 나는 아내와 함께 고급 쇼핑센터에 데이트를 하러 갔다. 뭔가를 사려고 했던 건 아니고 그저 평소에 가지 않는 곳을 손잡고 돌아다니고 싶었다. 상점은 대부분 베벌리힐스의 로데오 드라이브에서 볼 법한 곳들이었으며 부와 명성과 관련된 이름을 하고 있었다. 쇼핑센터는 의류 매장, 주얼리 매장, 전문 부티크 매장, 우아한 레스토랑으로 가득했다.

어딜 가나 조명이 밝게 빛났고, 진열창은 창의적으로 디자인된 상품으로 가득 차 행인들의 시선을 사로잡고 있었다. 각 매장마다 진열창이 너무 독특해서 앞서 지나온 진열창은 바로 잊어버릴 정도였다. 모든 매장이 우리가 내부로 들어오도록 이렇게 소리치는 듯했다.

"저기요, 저희 좀 보세요. 저희 정말 멋지답니다. 인상적이지 않나요?"

분명 인상적이었고 관심이 가기도 했다. 하지만 하루가 지나 다시 생각해 보니 전혀 이끌리는 것이 없었다. 쇼핑센터나 입점해 있는 상점들을 비판하려는 게 아니다. 이곳에 누군가에게는 필요한 것들이 잔뜩 있을 테니 말이다. 하지만 왠지 뭔가를 사고 싶다는 생각은 들지 않았다. 쇼핑센터가 너무 시끄럽고 어수선하고 분주하게 느껴지기도 했다. 내향적인 부부로서 이날 데이트에서 가장 좋았던 시간은 조용히 차를 타고 집으로 돌아가는 길이었다.

쇼핑센터에서의 경험은 소셜 미디어를 떠오르게 한다. 가끔은 가치 있는 말보다 그저 관심을 끄는 게 더 중요하게 느껴질 때가 있다. 시각적 요소를 최고로 잘 쓰는 사람이 가장 많은 주목을 받는 것이다. 모두가 자신의 의견을 전하기 위해 소리치고 있으며, 목소리가 크지 않으면 아무도 알아주지 않는다.

말하고 보니 내향적인 사람의 인생과 비슷한 듯하다. 그렇지 않은가? 우리는 인격보다 이미지로 더 자주 평가받는 세상에 살고 있다. 변화를 일으키고 싶어도 가짜 뉴스나 낚시성 헤드라인과 경쟁하기란 쉽지 않다. 그러는 와중에 외향적인 사람처럼 행동해 그들과 비슷하게 영향력을 행사하고 싶어지기도 한다. 하지만 대부분의 경우 진정으로 영향력을 행사하지 못하고 단지 관심을 받는 것에 그치고 만다.

내향인은
무대 감독이다

내향적인 사람이 외향적인 척하는 건 불가능하지 않다. 그럴 만한 상황도 있다. 그러나 오랫동안 외향적으로 행동하기는 어렵다. 개인적으로 작가 케이트 존스의 표현을 아주 좋아한다.

"내향적인 사람이 외향적인 상태로 오랫동안 지내는 건 오른손잡이가 하루 종일 왼손으로 글씨를 쓰는 것과 같아요."

정말 피곤한 일이다. 다행히 내향적인 사람은 수다스럽게 굴지 않으면서도 타인의 삶에 진정한 변화를 가져다줄 수 있다. 사실 내향적인 사람은 그렇게 할 수 있는 특별한 능력을 갖추고 있다. 이 능력은 열정적으로 대화를 이어 가는 것, 많은 사람 틈에서 최고의 실력을 발휘하는 것 같은 일반적인 능력이 아니다. 내향적인 사람만의 세 번째 마스터 무브는 바로 영향력이다. 우리의 영향력은 그 존재를 뽐내지 않은 채 조용하고 조심스럽게 만들어져 영감과 진실에 굶주린 세상을 바꾼다.

내향적인 사람은 영향력의 힘을 통해 외향적인 사람만큼 또는 그 이상의 영향력을 발휘할 수 있다. 굳이 부자연스럽게 외향적인 척하지 않고도 실질적인 논의를 이끌어 낼 능력이 있다. 그리고 사람들에게 뭔가 해야 한다고 강요하지도 않는다. 우리는 그저 질문을 던지고, 상대방의 관점을 들여다보고 경청하며 조용히 영향을 끼친다.

"당신이 하라고 해서 했어요."

"제가 하고 싶어서 했어요."

누군가에게 어떤 일을 하라고 지시해서 그 사람이 일을 수행한다면 그 일이 어떻게 진행된 건지는 자명하다. 그러나 누군가에게 어떤 일을 하도록 영향력을 발휘해 그 사람이 일을 수행한다면 아마 그 사람은 자신이 그런 영향의 대상이었다는 사실조차 모를 것이다. 영향력은 훨씬 더 조용하고 미묘하게 무대 뒤에서 모든 것을 실현하는 내향적인 사람의 힘이다.

작가 사이먼 시넥은 뭔가를 실현하는 2가지 방식으로 영감과 조작을 제시한다.

첫째, 영감을 활용한다.

다른 사람이 무엇을 필요로 하는지 깊이 이해할 때 우리는 그 사람의 요구 사항을 정확히 충족하는 방식으로 필요한 바를 채워 준다. 시간이 걸리지만 그 효과는 오래 지속된다. 이는 상대방이 본인의 필요에 의해 움직이도록 유도하는 인사이드 아웃 방식이다.

둘째, 조작 또는 설득을 활용한다.

말이나 논리를 통해, 상대방이 우리가 원하는 일을 하도록 유도하는 경우다. 특히 시간이 제한돼 있을 때 유효하다. 이는 어떤 일을 빨리 완수하기 위한 방법이자, 상대방이 우리의 말을 듣고 반응하도록 납득시켜야 하는 아웃사이드 인 방식이다.

내향적인 사람은 영감을 주는 데 특화돼 있지만 필요할 때는 설득하는 능력 또한 연습을 통해서 발휘할 수 있다. 다만 접근 방식이 서로 다를 뿐이다. 케이트 존스는 이렇게 말했다.

"내향적인 사람은 근본적으로 성격 싸움에서 이길 준비가 돼 있지 않습니다. 이런 상황에서 우리는 폰만 들고 체스 게임을 하려는 셈입니다. 이길 확률이 높지 않죠. 승리하기 위해서는 다른 게임을 해야만 해요."

타인이 하는 말을 예전보다 훨씬 더 의심하게 됐다는 사실에 아마 대부분 동의할 것이다. 예전에는 기본적으로 타인을 신뢰하는 사람이 많았다. 하지만 소셜 미디어, 버즈피드 기사, 정치 캠페인, 선정적인 텔레비전 프로그램 등으로 인해 우리는 대부분의 영역에서 사람들의 말을 불신하게 됐다. 너무 많은 거짓과 조작을 들어 왔기에 잘 알고 지내는 사람조차도 진실을 과장하거나 감출 것이라고 생각하기에 이르렀다. 그러다 보니 많은 사람이 겉치레가 아닌 진실된 목소리를 접할 때 신선함을 느끼기 시작했다.

내향적인 사람의 강점은 영감을 불어넣는 능력인 반면, 외향적인 사람의 강점은 설득하는 능력이다. 그 말은 내향적인 사람과 외향적인 사람 모두 자신에 충실할 수 있다는 뜻이다. 그렇게 할 때 우리는 다른 사람에게 존중받으면서 우리만의 고유한 방식으로 살아간다. 외향적인 사람은 설득하는 능력이 뛰어나 다른 사람의 마음을 금방 바꿀 수 있지만, 우리는 그보다는 더 많은 시간이 필요하다. 내향적인 사람은 깊은 신뢰를 구축하기 때문에 시간이 더 걸리는 것이다. 베스트셀러 작가 홀리 거스는 이렇게 말했다.

"진정한 영향력은 이목을 끄는 게 아니라 관계를 맺는 데 있음을 이제 알게 됐어요."

편안하게 설득하는
능력을 타고난 사람들

누구나 이런 영업 사원을 만난 적이 있을 것이다. 매번 좋은 말만 하고, 우리에게 깊은 관심이 있다며 설득하고, 기어이 거래를 성사시키는 그러나 거래를 마치거나 우리가 구매 의사가 없다고 밝히면 곧바로 돌변해 가식을 버리는 그런 사람 말이다. 이런 사람과의 만남은 모든 게 부자연스럽게 느껴지는 법이다. 마치 영화 세트장이 진짜처럼 보여도 결국 허울에 불과한 것과 같다. 때로는 대화가 너무 세심하게 진행돼 진실되게 느껴지기도 하지만, 내향적인 사람은 그 대화가 속이 빈껍데기임을 감지해낼 수 있다.

이 능력은 내향적인 사람을 위한 영향력 마스터 무브의 일부분이다. 우리는 다른 사람의 주변에서 조용히 영향력을 발휘할 수 있다. 이건 몇 가지 독특한 특징들이 결합된 결과다.

첫째, 내향적인 사람은 관심을 기울이는 데 능숙하다.

우리는 관찰력이 뛰어나기 때문에, 대화 중에 실제로 무슨 일이 일어나는지를 알아챌 수 있다. 마치 거짓말 탐지기처럼 허구인 이야기를 간파할 수도 있다. 의식적으로 그렇게 하지 않아도 상대의 미묘한 제스처와 보디랭귀지를 포착해 무엇이 진실인지 판단한다. 외향적인 사람들 중에 이런 능력을 파악하고는 내향적인 사람과의 대화를 두려워하는 사람도 더러 존재한다. 자신의 목적이 공개적으로 드러난 것 같다고 그리고 그 목적을 감출 수 있는 능력을 상실했다고 느끼기 때문이다.

둘째, 내향적인 사람은 경청하려고 노력할 필요 없다.

이미 타고난 능력이기 때문이다. 그래서 우리는 말할 때 눈을 잘 마주치지 못하는 편이지만 들을 때는 눈을 잘 마주친다. 이야기를 들을 때는 내가 다음에 할 말을 생각하는 게 아니라 모든 감각을 동원해 최대한 많은 정보를 받아들여서 화제를 깊이 있게 이해한다.

셋째, 내향적인 사람은 정말로 할 말이 있을 때 입을 연다.

실제로 우리는 스몰 토크를 좋아하는 편이 아니다. 하지만 외향적인 사람들 사이에서 효과적으로 스몰 토크 하는 법을 배울 수 있으며 심지어 즐길 수도 있다. 그렇게 되면 우리는 관계를 구축하고 유지하는 데 스몰 토크를 활용할 수 있을 것이다.

그리고 우리는 다른 사람들이 공유하는 각자의 생각을 먼저 잘 들은 다음, 그 정보를 처리해 이해하는 과정을 선호한다. 결국 우리는 생각을 가장 늦게 공유하는 경우가 많지만, 우리가 말하는 것이 대개 잘 정리돼 있으며 고려할 가치가 있음을 모두가 인정한다.

넷째, 내향적인 사람은 자신의 생각을 강요하지 않는다.

이런 성향은 골칫거리가 될 수도 있다. 창의적이고 실행 가능한 해결책에 도달하는 데 내향적인 사람의 생각이 필요할 때가 있기 때문이다. 외향적인 사람들은 논의에 활기를 불어넣곤 하지만, 그 때문에 아무도 내향적인 사람에게 무슨 생각을 하는지 물어보려 하지 않는다. 따라서 내향적인 사람은 편안하고 적절히 계획된 방식으로 타인에게 생각을 전달하는 몇 가지 기본적인 기술을 익혀 두는 게 좋다.

내향적인 사람은 고유의 기술을 이용해 다른 사람에게 아주 커다란 영향을 미칠 수 있다. 사람들이 깊게 숙고해 보지도 않은 생각을 아무렇게나 던지는 걸 보면 내향적인 사람은 좌절에 빠지기 마련이다. 모두가 감자칩이나 나초를 퍼먹다 너무 배가 불러서 막상 건강한 음식은 먹지 못하는 상황이나 마찬가지다. 내향적인 사람이 거대한 영향력을 제대로 발휘하기 위해서는 자신의 생각이 얼마나 가치 있는지를 먼저 인지한 뒤 편하게 생각을 전달할 만한 방법을 알아내야 한다.

작가이자 교수 제프 하이먼은 이렇게 말했다.

"조용한 사람이 가장 큰 성과를 낼 때가 많습니다."

우리는 100퍼센트 자신의 모습 그대로 살아야 한다. 그렇다고 이걸 핑계로 아무런 의견도 내지 않으며 살아서는 안 된다. 오히려 이를 발판 삼아 대화 중에 우리를 드러낼 수 있는 새로운 기술을 익힐 수도 있다. 내향적인 사람은 타인이 스스로 원해서 일을 하도록 유도하는 능력을 타고났다. 설득하는 능력은 외향적인 사람에게 더 자연스럽다. 그러나 내향적인 사람도 설득의 기술을 의식적으로 배우고 다듬으면 다른 사람을 설득해 행동에 나서도록 할 수 있을 것이다.

약점을 보완하기보다
강점을 갈고 닦아라

내향적인 사람으로서 영향력을 발휘할 수 있는 힘은 원래 자연스럽게 잘하던 것에서 비롯된다. 영향력을 발휘하기 위해 다음의 아이디어들을 고려해 보라.

▶ 먼저 듣고, 그다음 생각하고, 마지막으로 응답하라.

내향적인 사람은 상대방의 말을 듣는 것만으로도 그 사람에게 영향력을 발휘한다. 상대방 입장에서는 제법 진귀한 경험이기 때문이다. 누군가 이토록 관심을 갖고 집중해서 들을 정도로 자신의 생각을 가치 있게 여긴다고 느낄 법도 하다. 당신이 시간을 내 의견을 들어 줬으니 상대방 역시 당신의 생각을 기꺼이 경청할 것이다. 이 패턴은 진심으로 경청하는 데서 시작한다. 명확하게 질문하되 자신의 생각을 덧붙이지는 말라. 상대의 생각을 소중히 여긴다면 대화를 기록하는 것도 좋다.

두 번째 단계로 들은 내용을 검토하고 짜임새 있는 결론을 도출하라. 당신의 생각을 확실히 정리했다면 세 번째 단계로 생각을 이야기하고 공유하면 된다.

세 번째 단계가 가장 불편할 것이다. 그러나 이 과정을 거쳐야만 머릿속에 있는 아이디어를 밖으로 꺼내 다른 사람들에게 도움을 줄 수 있다. 즉 영향력을 발휘하는 데 필수적인 단계인 셈이다. 게다가 귀중한 의견을 제공하는 사람으로 인정받게 될 수 있다. 생각을 머릿속에만 두면 아무리 뛰어난 생각이라 한들 아무도 알아주지 못할 테지만, 위험을 무릅쓰고 공유한다면 가치 있는 공헌으로 명성을 쌓을 수 있다. 점점 사람들은 당신이 이런 역할을 맡아 풍부한 통찰력을 제공하리라 기대할 것이다.

▸ 외향적으로 말하는 법을 배우되 항상 외향적으로 말할 필요는 없다.

결코 외향적인 사람이 될 필요는 없지만, 외향적인 사람의 언어를 배울 필요는 있다. 만약 당신이 내향적인 성격에 가깝다면 내향적인 사람으로 살아가며 안정감, 편안함, 즐거움, 성공을 경험하면 된다. 외향적인 사람의 능력을 배우고 계발했더라도 그 능력을 지속적으로 사용하며 살지 않아도 상관없다. 내향적인 사람의 모국어를 주 언어로 사용하라. 특히 말보다 글로 소통하라. 외향적 능력은 적절한 상황에 선택적으로만 사용해도 충분하다. 나머지 시간에는 본모습 그대로 편안히 지내기 바란다.

▸ 외향적인 사람 몇 명과 돈독한 관계를 구축하라.

오로지 내향적인 사람들과만 가까이 지내는 건 그리 어렵지 않다. 하지만 진정으로 시너지가 발휘되는 순간은 내향적인 사람과 외향적인 사람이 서로 존중하면서 상호보완적으로 강점을 조합해 협업할 때다. 나 역시 가장 호흡이 잘 맞았던 동료는 나와 정반대로 외향적인 사람이었다. 우리는 서로의 능력에 놀라움을 금치 못했다. 우리가 각자 갖춘 능력은 상대방에게는 완전히 생소한 능력이었다. 서로를 너무나 존경했기에 함께 힘을 합쳐 고객들과 강력하고 굳건한 관계를 구축했으며, 그 과정에서 두터운 우정을 나눌 수 있었다.

▸ 당신의 개성과 잘 들어맞는 업무에 자원하라.

적당히 잘 맞는 일이겠거니 바라면서 다른 사람이 맡기는 업무를 기다리고만 있으면 안 된다. 깊이 생각하는 능력, 글 쓰는 능력, 명료한 사고력 등 당신의 능력을 십분 활용할 수 있는 기회를 찾아내기 바란다. 조용히 혼자 해낼 수 있는 일이면 더 좋다. 기회를 찾았다면 그 일을 당신이 맡아야 하는 근거를 마련하라. 이렇게 하고 싶은 일을 선택하고 주도적으로 일을 요청해 최적의 시기에 당신만의 강점을 활용해 일할 수 있도록 해야 한다.

외향적인 사람의 강점

▸ 많은 사람과 빠르게 친밀한 관계를 발전시킨다.

▸ 직설적이고 솔직하다.

▸ 여럿이 함께할 때 일을 잘한다.

▸ 얼굴과 이름을 잘 기억한다.

▶ 도움이 필요한 사람을 기꺼이 돕는다.

외향적인 사람의 약점

▶ 거칠거나 공격적으로 보일 수도 있다.

▶ 너무 열정적이고 활기가 넘쳐 타인을 지치게 할 수도 있다.

▶ 다른 사람들과 함께 시간을 보내느라 업무 수행에 어려움을 겪을 수도 있다.

▶ 비위를 맞추기 위해 타인의 의견을 지나치게 중요시할 수도 있다.

▶ 스포트라이트를 독차지하려는 경향이 있다.

내향적인 사람의 강점

▶ 과정보다 결과에 집중한다.

▶ 과업을 완수할 때 꼼꼼하고 신뢰할 만하다.

▶ 목적을 갖고 생각한다.

▶ 경청을 잘한다.

▶ 응답하기 전에 먼저 생각한다.

내향적인 사람의 약점

▶ 위험을 감수하려 들지 않는다.

▶ 쌀쌀맞은 사람으로 보일 수도 있다.

▶ 합의를 무시하고 혼자서 원하는 대로 행동할 수도 있다.

▶ 이유 없이 열등감을 느낄 수도 있다.

▶ 싫어하는 사람들과 협업하기를 힘들어할 수도 있다.

지금 모습 그대로
최고가 돼라

여러 날에 걸쳐 진행되는 기업 세미나에 강사로 참여할 때면 기다리기 어려울 정도로 빨리 강단에 서고 싶은 섹션이 항상 있었다. 그 섹션에서 다루는 개념이 잠재적으로 얼마나 큰 영향력이 있는지 알고 있었고, 이 개념이 나를 변화시키는 것을 개인적으로 직접 경험했기 때문이었다. 세미나 참석자들도 이 개념을 이해하고 삶에 적용한다면 엄청나게 큰 도움을 받을 수 있을 테니, 그 사실을 알고 있는 나로서는 너무나 흥미진진했다. 마치 식사 중간에 디저트를 먹는 기분이었다.

한편 누군가에게는 가치 있는 내용일 테지만 내게는 그다지 흥미로워 보이지 않는 섹션들도 여럿 있었다. 수업 계획의 일부였기 때문에 가르치긴 했지만 내 인생을 바꿀 만한 내용들은 아니었다. 이 시간 동안에는 맛없는 브뤼셀 콩나물을 먹는 듯했다.

언제나 내가 할 일에 대한 선택권이 항상 주어지지는 않는다.

마찬가지로 내가 하는 일이 모두 좋아하는 일일 수도 없다. 가능한 한 자신이 열정을 불태울 수 있는 일을 하거나, 그렇지 않다면 반복되는 업무 속에서도 재밌는 부분을 찾도록 노력해야 한다. 그리고 별로 흥미롭지 않은 일을 할 때도 에너지를 유지할 수 있도록 필요할 때마다 재충전할 시간을 확보해야 한다.

모든 업무와 인간관계에서 당신만의 고유성을 발휘해 최고의 내향적인 사람이 되도록 열심히 노력하라. 그와 동시에 외향적인 사람들과 소통하는 기술을 배우는 데 도전해 보라. 내성적인 성격을 핑계가 아니라 발판으로 삼아 타인에게 세계적인 수준의 영향력을 발휘할 수 있도록 하라. 함께 일하는 동료들과 자신이 하는 일 모두에서 열정을 발견한다면 외향적인 사람들의 세상에서도 성공적으로 살아갈 수 있다. 적절한 타이밍에 미소 짓는 요령을 배우거나 어떤 정해진 방식에 자신을 맞추자는 이야기가 아니다. 오히려 자신의 본모습을 편안하게 받아들이면서 타인에게 주눅 들지 않고 영향력을 발휘하자는 것이다.

인생을 돌아볼 때 당신에게 가장 큰 영향을 준 사람은 누구인가? 지금의 당신이 있기까지 누가 도움을 줬는가? 아마도 당신을 아끼고 믿어 주며, 당신의 말에 귀 기울여 준 사람들일 것이다. 이들은 대개 자신의 의견을 밀어붙이지 않았을 것이다. 자신의 의견을 너무 강력히 내세웠던 자들은 당신에게 영향을 준 사람 목록에 포함되지 못할 가능성이 크다.

당신에게 커다란 영향을 준 사람들 대부분은 진실한 성품을 지닌 사람이었을 것이다. 그들은 다른 사람인 척하지 않고 온전히 자신의 모습 그대로 살아 왔으며 언제나 관계에 진심으로 임했다. 그들이 내향적이었는지 외향적이었는지는 중요하지 않다. 이토록 큰 영향력을 가진 사람들은 자신이 보일 수 있는 최고의 모습을 유지하면서 주변 사람들을 의식적으로 배려할 줄 안다. 영향력을 발휘하는 사람이 돼라. 당신 그대로 살아가라. 그 누구도 당신보다 나을 수는 없다.

CHAPTER 10

내향인은
존재만으로
신뢰를 얻는다

✦

코로나19가 유행하기 전에는 대부분의 비즈니스 미팅이 대면으로 이뤄졌다. 신규 고객이나 잠재 고객과 이야기를 나누고 싶으면 비행기를 타고 그들의 사무실을 직접 방문하곤 했다. 옷을 차려입고 등장해 악수를 나누는 것이다. 그다음 다과를 곁들여 커피를 마시거나 함께 점심 식사를 하며 그들과 친해졌다. 대화를 통해 서로를 알아 가긴 했지만, 진정한 유대감은 직접 대면할 때만 느낄 수 있는 미묘한 감정들에서 비롯됐다.

이런 방식으로 신뢰를 쌓기 시작했다. 함께 시간을 보내면서 그들이 신뢰할 만한 사람인지 아닌지 분별할 수 있었다. 상대의 말을 들으면서도 동시에 무의식적으로 그들의 표정, 몸짓, 반응이 말과 일치하는지 확인했다. 만약 일치하지 않으면 마음속에 경보가 울렸을 것이다. 대면 환경은 내향적인 사람에게 특히 유용하다. 우리는 뛰어난 관찰력과 세심함을 타고났기 때문에 직접 대면하는 것이야말로 다른 사람을 평가하고 그와의 관계가 어떻게 나아갈지 파악할 수 있는 완벽한 방법이었다.

그런데 2020년, 팬데믹으로 인해 전 세계적으로 3차원적 연결 방식이 막을 내리고 컴퓨터 화면을 통한 2차원적 만남이 시작됐다. 물론 화상 회의가 전화 통화보다 많은 정보를 제공했으나, 당연히 직접 대면을 대체할 수는 없었다. 처음에는 모두 현실과 비슷한 가상 배경을 사용해 마치 사무실에서 일하는 것처럼 보이게 하는 등 프로페셔널한 모습을 유지하려고 노력했다. 하지만 손짓을 할 때면 손이 사라지거나 갑자기 반려동물이 배경에 등장하면 노력은 모두 허사가 되고 말았다. 초기에는 이런 화상 통화가 당혹스럽고 비전문적으로 느껴졌다. 그러나 시간이 지나면서 사람들은 장벽을 허물고 이 기회를 새롭게 활용했다.

"오, 슈나우저를 키우시는군요. 정말 최고 아닌가요?"

우리는 모두 같은 배를 타고 있었고 그게 바로 우리의 공통점이 됐다. 결국 다 똑같은 인간이었다. 어차피 집에서 일을 했기 때문에 옷을 차려입을 필요도 없었다.

내향적인 사람에게 비대면으로의 전환은 마치 엔진에 당밀을 붓는 것처럼 느껴졌다. 시간과 금전적인 면에서 비대면 교류는 분명히 이점이 있었다. 기업들도 화상 회의가 대면 회의만큼 좋다고 생각하기 시작했다.

하지만 내향적인 사람에게 신뢰를 구축하는 데 필요한 가장 귀중한 자원은 직접 대면할 때 발생하는 미묘한 신호들이다. 이런 도구가 사라진 상황에서 내향적인 사람은 상대방이 신뢰할 만한 사람인지 판단하기가 어렵다. 게다가 우리의 강점은 누군가와 대면하는 것이므로 우리가 신뢰할 만하다는 사실을 다른 사람에게 증명하기도 더 어려워졌다.

나는 팬데믹 기간 중에 거래를 시작한 어떤 고객과 처음 몇 년 동안 온라인상에서만 만날 수 있었다. 일상이 어느 정도 회복되고 나서야 마침내 그 팀과 직접 만나 점심을 함께할 수 있었다. 그동안 대화를 많이 나눠서 잘 알고 있는 사람들이었는데도 막상 직접 만나니 완전히 다른 느낌이 들었다. 얼굴은 당연히 알아볼 수 있었다. 하지만 현실의 3차원 공간에서 이들은 훨씬 더 따뜻하고 진실하게 보였다. 마치 이들과 처음 만나는 기분이었다. 그렇게 우리의 관계는 전보다 더 가까워졌다.

신뢰와 시간은 정비례한다

신뢰 쌓기의 핵심은 이미 그 단어 속에 존재한다, 바로 쌓기다. 인스턴트 오트밀을 끓는 물에 넣고 저어 주면 즉각 아침밥이 차려지는 것과 전혀 다르다. 신뢰는 전자레인지가 아니라 찜솥에서 만들어진다. 개집은 주말 이틀만 잡아도 충분히 만들 수 있다. 그러나 70층 높이의 첨단 오피스 빌딩은 완공까지 몇 년이 걸린다. 완성된 결과물을 얻기 위해서는 너무나도 많은 시스템과 건축 자재, 건축 공정이 어우러져야 한다. 먼저 아이디어를 떠올린 뒤 이를 건축 도면으로 그린다. 계획을 현실로 만들기 위해 시공 업체가 선정되고, 공사가 시작되면 지하부터 한 층 한 층 쌓아 올려 완공으로 이어진다.

신뢰 쌓기도 마찬가지다. 신뢰는 어느 날 갑자기 결정되고 형성되지 않는다. 수많은 사람이 각자 신뢰할 수 있는 방식으로 행동해 만들어지는 결과다.

우리 가족이 몇 년 전 지금의 집으로 이사 왔을 때 뒷마당에 나무로 된 낡은 테라스가 있었다. 널빤지가 썩어 있어서 언제 발을 잘못 디뎌 고꾸라질지 알 수 없을 정도였다. 다행히 그런 일은 없었지만 우리는 언제나 긴장을 늦출 수 없었다. 우리는 끝내 이 낡은 테라스를 믿지 못했고 결국 테라스를 모두 철거하고 다시 짓기로 결정했다. 물론 기초 공사부터 철저히 시작했다. 최종 완성물을 신뢰할 수 있도록 각 단계가 올바르게 진행됐는지 확인해야 했기에 시간이 오래 걸렸다. 몇 달이 지나 우리는 안심하고 새 테라스를 즐길 수 있었다. 이제는 몇 년이 흘렀는데도 우리는 여기서 넘어질지도 모른다는 생각을 전혀 하지 않는다. 공사 과정을 세심히 신경 썼기 때문에 결과도 굳게 믿는 것이다.

신뢰는 내향적인 사람에게 특히 중요하다. 우리는 실체 없이 겉만 번지르르한 관계가 아니라 진짜 사람들과의 진정한 관계를 원한다. 그러다가 누군가를 신뢰할 만한 사람이라고 판단하면 그 사람과의 의리는 확실히 지키는 경향이 있다. 하지만 신뢰를 쌓는 데는 시간이 걸린다. 맥밀란 사전은 신뢰를 "누군가를 정직하고 공정하며 믿을 수 있다고 여기는 확신감"이라고 정의한다.

신뢰는 관계의 화폐다. 신뢰도가 높으면 상대방이 최고의 의지를 갖고 임한다고 믿을 수 있기 때문에 의사 결정에 시간이 덜걸린다. 신뢰도가 낮으면 상대방의 진실성을 의심할 수밖에 없으며, 일이 진행될 때마다 모든 사항을 검토하느라 시간이 많이 소요된다.

내향적인 사람은 어떤 사람이 신뢰할 만하다고 판단이 들면 그제야 대화를 시작한다. 반면 외향적인 사람은 상대방을 알든 모르든, 신뢰하든 신뢰하지 않든 일단 대화를 시작하고 본다. 우리는 신뢰할 수 있는 사람에게만 다가가는 편이며, 신뢰도가 낮은 사람 앞에서는 그냥 침묵을 지킨다.

신뢰도를 높이는
최고의 비결

예전에는 신뢰가 어떤 관계에서든 가장 중요한 요소였지만, 오늘날 신뢰는 보기 드문 덕목이다. 물론 진실한 관계에서는 여전히 신뢰가 제일 중요하다. 하지만 우리는 사람들이 약속을 지키지 않거나, 자신의 편의에 맞게 진실을 왜곡할 것이라고 예상하게 됐다. 안타깝지만 흔한 일이다.

작년에 우리 부부는 평소에 관심 있었던 픽업트럭을 구경하기 위해 자동차 대리점에 방문했다. 창문에 붙어 있는 스티커와 여러 정보를 종합해 보니 평균 연비가 킬로미터당 8.5리터 정도일 것으로 보였다. 판매원은 이곳에서만 8년을 일했다며 이 차에 대해서도 잘 안다고 이야기했다. 함께 시승하는 동안 그는 놀라울 만큼 흥미로운 여러 기능들을 알려 줬다. 나는 그에게 물었다.

"이 녀석 연비가 얼마나 될까요?"

그러자 그가 대답했다.

"오, 킬로미터당 15리터쯤 될 겁니다."

이의를 제기하지 않았지만 그가 거짓말을 했다는 건 알고 있었다. 대답을 듣자마자 그가 여태껏 말한 모든 게 의심스러워졌다. 그를 믿을 수 없었던 나는 결국 다른 대리점에서 같은 차를 구매했다.

한편 나는 사람들이 지키지도 않을 약속을 하는 경우가 점점 많아지고 있다는 것도 느끼게 됐다. "금요일까지는 보내 드릴게요"라고 자신 있게 말하는 것을 들었는데도 아무 소식 없이 금요일이 지나가 버리고 만다. 안타까운 점은 우리가 금요일에 결과물을 받으리라고 기대했다는 점이다.

이제 약속은 신중히 정하는 게 아니라 습관적으로 내뱉는 추임새나 다름없는 말이 돼 버렸다. 한번 이런 일이 발생하면 더 이상 그 사람을 신뢰하기 어렵다. 자신이 확답한 약속마저 지키지 않는 사람이라면 다른 약속도 지키지 않으리라고 추측하는 게 합리적이다. 그 사람 스스로 인품에 흠집을 낸 셈이자 우리에게 믿을 수 없는 사람이 되기를 자처한 셈이다.

안타까운 현상임이 분명하다. 모두가 정직함을 중요하게 여기면서도 더 이상 정직한 모습을 기대하지 않게 됐으니 말이다. 좋은 점도 있다. 당신이 정직하다면 그렇지 않은 사람들과 차별화될 수 있다. 사람들이 무엇을 기대하는지 이미 알고 있으니 당신은 신뢰를 쌓기만 하면 된다.

내향적인 사람이 다른 사람과의 신뢰를 빠르게 쌓는 방법은 자신이 하겠다고 약속한 바를 언제나 성실히 이행하는 것이다. 약속을 지키지 않는 사람들을 자주 겪었던 입장에서 당신은 확연히 눈에 띌 게 분명하다. 돌발 상황 때문에 주어진 일을 제시간에 마치지 못할 것 같다면 고객에게 일정을 늦춰야겠다고 알리기만 하면 된다. 돌발 상황이 발생할 수 있다는 사실은 누구나 잘 알고 있다. 이럴 때는 일정에 대해 다시 논의하는 게 신뢰를 쌓는 길이다. 만약 제대로 소통하지 않는다면 상대방은 의문을 가질 테고 신뢰도가 떨어질 수밖에 없다. 여기서 말한 방법이야말로 어떤 관계에서든 높은 신뢰도를 유지시키는 간단하지만 강력한 방법이다.

물론 비대면 환경에서 신뢰를 쌓기란 더욱 어렵다. 하지만 내향적인 사람은 거대한 무리에서보다 다른 사람 1~2명과 함께할 때 최고의 성과를 낸다. 이 특성은 비대면 환경에서 오히려 유리하게 작용한다. 디지털 자원을 활용해 한 번에 한 사람씩 온라인상에서 진정한 관계를 맺을 수도 있기 때문이다.

내향적인 사람은 보통 본능적으로 신뢰를 쌓아 나갈 수 있다. 세심한 관찰력을 타고났기 때문이다. 타인의 신뢰도를 판단하는 법과 타인에게 우리의 신뢰도를 입증하는 법을 모두 알고 있기 때문에 양방향으로 신뢰를 쌓는 게 가능하다. 신뢰 쌓기가 내향적인 사람의 네 번째 마스터 무브인 이유는 관계에서 진실을 중요하게 여기기 때문이다. 우리는 가벼운 대화를 넘어 더 깊은 이야기를 나누고 나서야 누군가를 신뢰하게 된다. 그 과정에서 시간이 오래 걸리지만 내향적인 사람은 일반적으로 그 정도는 기다릴 줄 안다.

이 네 번째 마스터 무브는 내향적인 사람의 고유한 특성에서 비롯된다. 아래의 특성들로 내향적인 사람은 자신이 믿을 만한 사람임을 증명할 수 있다.

- ▸ 경청할 줄 안다.
- ▸ 숙고할 줄 안다.
- ▸ 타고난 관찰력을 갖고 있다.
- ▸ 자신을 잘 아는 편이다.
- ▸ 상대방의 말에 신중하고 정확한 단어를 선택해 대답한다.
- ▸ 세심하며 비언어적인 신호를 잘 포착할 수 있다.
- ▸ 창의적이어서 다른 사람들의 여러 의견을 종합할 줄 안다.
- ▸ 건강하다면 다수가 하는 일에 휘둘리지 않고 독립적으로 움직일 수 있다.
- ▸ 하겠다고 말한 건 해낸다.
- ▸ 비밀을 잘 지킨다.
- ▸ 관계를 소중히게 여긴다.

무죄 추정의 원칙을
적용하라

신뢰를 확보하는 것은 다른 사람과의 신뢰를 쌓는 방정식의 절반에 불과하다. 나머지 절반은 신뢰를 확장하는 것이다. 타인을 지켜보며 그가 믿을 만한 사람인지 판단하기는 어렵지 않다. 하지만 내향적인 사람이 누군가와 신뢰 관계를 구축하고 싶다면 일단 처음부터 그 사람을 신뢰할 만한 사람이라고 가정하는 게 중요하다. 이는 법정에서 사용되는 '무죄 추정의 원칙'을 실제로 적용하는 것으로 의심이라는 해로운 사고방식을 제거할 수 있다.

예를 들어 외향적인 사람과 신뢰 관계를 구축하려면 어떻게 해야 할까? 답은 '먼저 다가가기'다. 즉 혼자 지내는 것만큼 편안하지 않더라도 먼저 나서서 다가가야 한다. 퇴짜를 맞을까 걱정이 돼 망설여질 수도 있다. 하지만 외향적인 사람은 대화를 좋아하며 누군가가 친해지려고 다가오면 웬만해서는 환영해 준다.

서로를 알게 됐으면 일단 외향적인 사람은 외향적으로 지내도록 내버려 두라. 물론 그들에게는 그들만의 대화 스타일이 있다. 하지만 외향적인 사람의 언어를 인정하고 배우려 노력한다면 그 관계는 더욱 풍성해질 수 있다. 안전지대를 벗어나는 것처럼 느껴질 수도 있으나 인간관계는 위험을 감수할 가치가 있다. 게다가 실제로 시도해 보기 전에는 얼마나 큰 신뢰가 쌓일지 알 수 없는 법이다.

이전 회사에서 근무할 때는 하루 종일 화상 통화에 참여해야만 했다. 대부분의 통화는 다양한 문화권의 전 세계 사람들과 이뤄졌다. 심지어 영어를 유창하게 구사하지 못하는 사람도 많았다. 처음에는 무척이나 불편했다. 아마 상대방도 불편했을 것이다. 서로 소통하는 데 엄청난 노력이 필요했기 때문에 내향적인 나로서는 통화가 끝날 때마다 감사한 마음이 절로 들었다.

하지만 화상 통화가 여러 번 반복되면서 소통의 장벽을 넘을 수 있었고 결국 그들과 친한 친구가 될 수 있었다. 그들과 소통하려 했던 시도가 성공한 건 우리가 서로를 인간 대 인간으로 보고 존중했기 때문이었다. 우리는 서로의 공통점을 탐구했고, 그 덕분에 서로 다른 점을 탐구할 기회 역시 마련됐다. 결과는 어땠을까? 우리는 서로 신뢰를 쌓았다.

외향적인 동료를 한 명 택한 뒤 함께 참여 중인 프로젝트에 관한 아이디어를 들고 가볍게 다가가 보라. 그 동료에게 당신의 생각을 공유하면 그 역시 아이디어에 대해 함께 논의하고 싶어 할 것이다. 외향적인 사람은 머릿속에 생각이 떠오르는 대로 말로 꺼낸다는 사실을 명심해 두면 대화가 더 편안해질 수 있다. 뭔가 결론을 내려 하기보다는 그저 동료와 교류한다는 생각으로 임하라. 이런 대화를 나누기 위해 따로 약속을 잡아도 좋다. 에너지를 충전하려면 내향적인 사람은 혼자만의 시간이 필요하지만 외향적인 사람은 다른 사람과 상호 작용하는 시간이 필요하다. 당신이 외향적인 사람에게 다가가면 그가 에너지를 충전하도록 돕는 셈이다. 당신에게 필요한 시간은 아니겠지만 상대방에게는 매우 중요한 시간이 될 수 있다. 먼저 다가간다는 건 신뢰에 투자한다는 뜻이다.

외향적인 상사는 어떨까? 당신의 업무를 평가하고 연봉을 결정할 수 있는 사람과는 어떻게 신뢰 관계를 구축해야 할까? 상사에게 중요한 것부터 생각해 보자.

'일을 완수하기 위해 당신을 필요로 한다.'

'당신이 그들의 선택에 항상 동의하지는 않더라도 당신의 존중을 필요로 한다.'

'조직 안팎에서 팀을 잘 대변하기 위해 당신을 필요로 한다.'

그리고 다음의 필요가 충족되도록 실질적인 조치를 취하라.

▶ 기대치를 미리 설정하라.

업무가 주어졌을 때 정중하고 명확하게 질문하라.

"이 프로젝트를 성공하면 어떤 모습일까요?"

"완벽을 기하는 게 더 중요한가요, 아니면 어떻게든 마치는 게 더 중요한가요?"

"일정은 어떻게 되나요?"

상사의 기대를 명확히 파악하고 나면 그 기대치를 충족하고 진행 상황을 계속 업데이트하도록 체계를 갖추는 데 도움이 될 것이다.

▶ 의식적으로 성과를 눈에 띄게 하라.

내향적인 사람은 성과를 잘 내기 위해 노력하면 사람들이 알아봐 줄 것이라고 생각하는 경우가 많다. 안타깝게도 상사는 처리해야 할 업무가 많기 때문에 우리의 성과에 예상보다 더 무관심할 수도 있다. 오히려 미리 합의된 일정에 맞게 진행 상황을 주도적으로 알려야 한다.

"곧 프로젝트 첫 단계가 마무리될 예정입니다. 다음 단계로 넘어가기 전에 의견 있으신가요?"

그렇다고 지나치게 세부적인 사항들까지 보고할 필요는 없다. 그저 당신이 일을 잘 처리하고 있음을 알릴 수 있도록 적당히 접점을 만들면 된다. 이렇게 하면 상사는 당신이 맡은 바를 잘 수행하고 있으며 프로젝트 일정은 걱정할 필요가 없다고 생각해 신뢰가 쌓일 것이다. 이 방식은 원격 근로자에게 특히 더 중요하다.

▶ 가끔 놀라움을 선사하라.

기대보다 더 많은 일을 수행하며 주도적인 모습을 보이라. 예를 들어 마감 기한보다 조금 더 이른 시점에 프로젝트를 완수할 수 있겠다. 상사가 싫어하는 일을 맡거나 상사가 요청하지 않은 해결책도 스스로 떠올려 보라. 가끔은 상사가 멋지게 처리한 일을 칭찬해 주거나 당신이 생각하는 상사의 강점을 솔직하게 표현하는 것도 좋다.

신뢰 쌓기란 어렵지 않은 일이다. 물론 시간과 노력이 필요하지만 말이다.

'당신이 말하는 자신 그대로의 모습으로 살아가라.'

'하겠다고 한 일이 있다면 당신이 정한 시점까지 완료하라.'

'약속을 지키는 사람이 돼라.'

몇 년 전, 우리 교회에서 새 목사 후보자 면접이 있었다. 그의 아내를 따로 불러 후보자가 어떤 사람인지 다른 관점으로 파악하는 시간도 가졌다. 한 면접관이 물었다.

"후보자는 집에서 어떤 사람인가요?"

그녀가 대답했다.

"설교단 위에서나 집에서나 한결같아요."

바꿔 말하면 그가 정직하다고 답변한 셈이었다.

여기에 적절한 표현은 "왁스로 칠하지 않은"이라는 관용구다.

고대 예술가들도 조각품을 만들다 간혹 실수를 할 때가 있었다. 아마추어는 실수를 가리기 위해 색깔을 맞춘 왁스를 칠했지만, 진정으로 위대한 예술가들은 애초에 실수를 저지르지 않았고 그러니 왁스를 사용할 일도 없었다. 시간이 흘러 "왁스로 칠하지 않은"이라는 관용구는 결점 없고 완벽한 것을 가리키는 데 사용되기 시작했다. 신뢰를 쌓고 싶은가? 왁스로 칠하지 않은 삶을 살아가라.

CHAPTER 11

공감 능력은
최고의
경쟁력이다

✦

휴대폰을 꺼내 최근 통화 목록을 보면 최근 당신에게 전화를 건 10명의 이름을 알 수 있다. 자신이 내향적인 사람이라면 평소에 전화를 잘 받지 않을 테니 음성 사서함을 확인해야 할지도 모른다. 그다음 하나씩 이름을 살펴보면서 자문해 보라.

'휴대폰에서 이 사람의 이름을 봤을 때 기분이 어땠니?'

그중 어떤 이름에서 가장 좋은 느낌을 받았는가? 그 사람과는 다시 연락하고 싶은 생각이 들었는가? '이 친구는 오랫동안 연락을 안 했는데, 조만간 커피 한잔하자고 문자라도 보내야겠네' 같은 생각을 했는가? 내향적인 사람의 기본적인 반응이다. 전화보다는 직접 만나 대화를 나누며 에너지와 안정감을 느끼고 싶어 한다.

반대로 어떤 이름에서 가장 싫은 느낌을 받았는가? 그 사람에게 다시 전화를 걸고 싶지 않았는가? 어쩌면 당신은 이렇게 생각했을지도 모르겠다.

'연락 안 했을 때 벌어질 수 있는 최악의 상황은 뭘까? 그냥 빠르게 문자 보내고 끝낼 수 없으려나?'

에너지를 고갈시키는 사람을 대할 때 내향적인 사람이 보이는 전형적인 반응이다. 웬만하면 대화를 피하고 텍스트로 소통하려는 것이다.

마지막으로 당신의 경험상 좋은 인상으로 남은 사람과 나쁜 인상으로 남은 사람은 어떤 언행 때문에 그렇게 비친 건지 구체적으로 생각해 보라. 그들과 나머지 사람들의 차이점은 무엇일까? 당신이 긍정적으로 느낀 사람은 소위 감성 지능, 즉 EQ가 뛰어날 가능성이 크며, 당신이 부정적으로 느낀 사람은 감성 지능이 낮을 가능성이 크다. 간단히 말하자면 EQ는 공감 능력, 즉 자신의 감정뿐만 아니라 다른 사람의 감정에도 세심하게 반응하는 능력을 뜻한다. EQ는 건강하고 활기찬 관계를 만들고 유지하기 위한 기본적인 도구다.

감성 지능이 높은 사람은 아마도 당신의 '좋은 사람' 목록에 이미 들어가 있을 것이다. 즉 그 사람에게 끌린다는 뜻이다. 하지만 감성 지능이 부족한 사람은 아마 '못된 사람' 목록에 있을 것이며, 이 사람은 당신의 삶을 결코 풍요롭게 만들지 못한다.

외향적이든 내향적이든 누구나 다양한 범위의 EQ를 가질 수 있다. 다른 사람만큼 EQ가 높지 않더라도 관련된 기술을 훈련해 EQ를 향상시킬 수 있다. 내향적인 사람은 특유의 세심함과 관찰력이 있어서 대체로 더 쉽게 EQ를 높이는 편이다. 우리는 자신의 감정과 타인의 감정 모두 관심을 갖는 데 익숙하다. 이런 특성들이 확장되면 자연스레 EQ 향상으로 이어진다. 그리고 내향적인 사람은 명확성을 중시하고 시간을 들여 생각을 표현한다. 반면 외향적인 사람은 대개 자신의 말과 생각을 빠르게 표현하는 데 주력하기 때문에 세부 사항에 주의를 기울이는 건 그들에게 별로 자연스럽지 않다. 물론 더 집중적인 노력과 더 많은 시간을 들인다면 이 또한 개선이 가능하다.

개인의 기질에 관계없이 관계를 구축하고 유지하는 것은 어떤 직업에서든 성공에 이르는 핵심이다. 기술적으로 뛰어나지만 인간관계 기술이 부족한 사람은 업무를 수행하더라도 원하는 만큼의 성과를 내지 못할지도 모른다. 다른 사람들과 원만하게 지내지만 업무에서 탁월한 역량을 발휘하지 못한다면 결국 실업자라는 새로운 직함을 얻을 것이다.

혹자는 CEO들이 IQ(업무를 수행하는 능력) 덕분에 고용되지만 EQ(타인과 잘 지내는 능력)가 부족해 해고된다고 말했다.

또한 경영자들은 채용시 지원자가 해당 직무를 익힐 수 있는 기본적인 능력을 갖췄다고 가정할 때 지원자의 지식보다는 친화력을 보고 채용하는 경우가 많다는 이야기도 있다. 한 경영자는 이렇게 말했다.

"새 구성원들에게 일을 가르치는 건 가능합니다. 하지만 앞으로 저는 그들과 매일 함께 일을 해야 해요. 팀 구성원들 모두가 마찬가지죠. 저는 구성원들이 서로 잘 협력하고 원만하게 관계를 유지하는 팀을 원합니다."

결국 내향적이든 외향적이든 성공하려면 2가지가 필요하다. 첫 번째는 업무 수행 능력이며 두 번째는 타인과 잘 지내는 능력이다. 두 번째는 외향적인 사람보다 내향적인 사람에게 좀 더 쉽게 느껴질 것 같다.

EQ가 IQ를
이긴다

어떤 이들은 외향적인 사람이 EQ를 더 타고났다고 주장하기도 한다. 다른 사람들과 쉽게 대화를 나누고 관계를 만들기 때문이다. 물론 외향적인 사람이 더 사교적일 수는 있으나, 대화 능력이 반드시 관계를 구축하는 능력과 일치한다는 법은 없다. EQ가 높은 사람들의 특징 중 일부를 나열해 보면 다음과 같다.

▶ 타인의 경험에 강렬한 호기심을 느낀다.

▶ 응답하려고 듣는 게 아니라 이해하기 위해 듣는다.

▶ 변화에 개방적이지만 변화 자체보다는 사람들이 어떻게 반응하는지에 더 집중하는 경우가 많다.

▶ 자신의 감정을 잘 파악할 줄 알며, 이를 정확하고 간결하게 표현하는 방법 또한 안다.

▶ 실수에 매몰되지 않고, 실수를 통해 배우고 성장한다.

▶ 분노를 잘 조절한다.

▶ 다른 사람에게 원한을 품지 않는다.

▶ 타인에게 진심으로 관심을 보이는 성품 덕분에 호감을 산다.

▶ 타인을 존중한다.

▶ 완벽을 추구하지 않기 때문에 일을 완료하는 데 지나치게 오랜 시간이 걸리지는 않는다.

▶ 스트레스를 받는 상황에서도 침착함을 유지하면서 주변에서 일어나는 일을 분석한다.

▶ 다른 사람의 감정을 진심으로 느낄 수 있기 때문에 그들에게 사교적 수완을 발휘한다.

▶ 많은 사람이 공동의 목표를 향하도록 유도할 줄 안다.

이 특징들은 내향적인 사람에 가까울까, 외향적인 사람에 가까울까? 대부분은 내향적인 사람의 관찰력과 밀접하게 연관돼 있다. 즉 내향적인 사람은 쉽게 이 특징들을 포착해 훈련할 수 있다. 외향적인 사람도 이 특징들을 잘 살릴 수야 있겠지만 의식적으로 익히겠다는 노력을 해야만 가능할 것이다. 그래서 감성 시능이 내향적인 사람의 다섯 번째 마스터 무브인 것이다.

감성 지능은 우리의 타고난 기술로, 쉽게 익힐 수 있고 바로 결과를 확인할 수도 있다. 이 마스터 무브를 통해 성공을 거두면 자신감이 생겨 자신을 바라보는 방식은 물론이고 성공하기 위한 능력을 키우는 데도 영향이 미칠 것이다.

내향적인 사람은 모두 더 외향적인 사람이 되고 싶어 한다는 인식부터 깨뜨려 보자. 물론 어떤 일들은 여러모로 외향적인 사람에게 더 수월해 보인다. 하지만 마음이 건강한 내향적인 사람은 자신의 역량과 기질에 만족감을 갖고 있으며 굳이 다른 사람이 되려 하지 않는다는 사실을 고려해 봐야 한다. 더 사교적이고 능숙하게 대화를 할 수 있는 사람이 되는 데 어떤 기술이 필요하다면 우리는 타고난 강점을 포기하지 않고도 그런 기술을 익히고 연습할 수 있음을 알고 있다.

사교적이고 외향적인 사람에게 말수를 줄이는 법이나 사색하는 법을 배우라고 제안하는 모습을 상상해 보라. 이렇게 말해 줄 수 있지 않을까.

"앞으로 한 달 동안 내향적인 사람처럼 살아 보면서 내향성의 가치를 깨달아 보렴. 그 시간을 자기 성찰, 일기 쓰기, 고독하게 지내기, 내면 분석하기에 사용해 보는 거야."

아마 이런 대답이 돌아올 것이다.

"도대체 내가 왜 그렇게 해야 하는 거지? 고맙지만 됐어."

두 경우 모두 개인적인 삶에서든 직장 생활에서든 자신의 기질을 받아들이고 활용하는 방법을 배우며 자신의 가장 건강한 모습에서 나오는 자유를 한껏 누리고 있다. 굳이 다른 사람처럼 되고 싶지는 않지만 다른 사람으로부터 배울 수 있다는 건 알고 있다. 그저 자신의 기술 목록에 새로운 기술을 추가한 뒤 최고의 모습을 계속 유지하며 살아가는 것이다. 작가 대니얼 골먼은 이렇게 말했다.

"감성 지능은 IQ와 기술적 역량을 합친 것보다 2배는 더 중요하다."

그는 조직에서 높이 올라갈수록 EQ가 더 중요하다고 말한다. 그리고 EQ는 4가지 핵심 요소가 조합된 결과라고 설명한다.

▶ 자기 인식

자신의 감정을 파악하고 그 감정이 사고방식과 인간관계에 어떤 영향을 미치는지 알 수 있는 능력이다. 가장 눈에 띄지 않지만 제일 중요한 능력이다.

▶ 자기 조절

감정을 관리하는 능력이자 감정에 휘둘리지 않고 반응하는 능력이다.

▸ 공감 능력

다른 사람의 감정에 공감하면서 그게 어떤 감정인지 파악하는 능력, 감정을 공유하는 능력, 타인의 감정을 나아지게 만드는 능력이다.

▸ 사회성 기술

영향력과 갈등 관리, 팀워크를 통해 관계를 구축하고, 그 관계를 건강하게 유지하도록 다른 사람들에게 동기를 부여하는 능력이다.

우리는 입사 지원을 위해 이력서를 제출할 때 출신 학교와 전공, 업무 경험에서 익힌 기술, 취득한 자격증, 다른 회사에서 수행한 업무 등을 기재한다. 같은 자리를 두고 수많은 사람이 지원할 게 틀림없으므로, 우리는 이런 동일한 요소를 바탕으로 다른 지원자들과 경쟁하는 셈이다. 누군가는 제출된 이력서를 모두 살펴보고 앞서 말한 기준에 따라 지원자를 분류할 것이다. 결국 우리는 원하는 회사에 들어가기 위해 IQ, 즉 지적인 능력과 관련된 사항들을 강조한다. 다른 지원자보다 더 똑똑하다는 점을 드러내려는 것이다.

"저는 이만큼이나 해낸 사람이랍니다. 좋은 성과를 낼 수 있는 능력과 경험을 갖춘 사람이니 저를 뽑아 주세요."

하지만 수많은 지원자 중 누가 최고인지를 가르는 요소는 함께 일할 때 어떤 사람인지다. 즉 EQ가 중요하다는 뜻이다. 거만하거나 이기적이게 보이지 않으면서 이력서에 EQ를 어필하기는 쉽지 않다. 일단 채용이 됐다면 그 사람의 역량은 충분하다고 결론이 내려진 셈이다. 그러나 다른 사람들과 어떻게 지내는지가 앞으로 계속 회사에 남을 수 있을지를 결정하게 된다.

다시 말해 감성 지능은 생각보다 훨씬 중요하다. 대부분의 기업에는 치열한 경쟁을 뚫고 입사할 정도로 훌륭한 인재들이 가득하다. 입사 후 이들은 동료, 상사, 고객, 거래처 등 타인과 관계를 맺는 능력에 따라 더 돋보이기도 하고 그렇지 못하기도 한다. 이는 어떤 분야에서든 내향적인 사람만이 갖춘 경쟁력이다.

피드백을 통해 사각지대를 발견하라

감성 지능의 까다로운 점은 우리가 감성 지능이 충분한지 아닌지 알기 어렵다는 것이다. 대부분의 사람은 자신의 감성 지능이 높다고 믿는데 그걸 어떻게 알 수 있을까? 골먼은 자기 인식이 EQ에서 가장 중요한 부분이라고 말했지만 우리가 인식하지 못하면 감성 지능이 결여돼 있는지 아닌지 알 수가 없다. 감성 지능을 충분히 가졌다고 생각하는 사람은 많지만 우리가 보기에 실제로 그런 사람은 별로 없다. 이가 아무것도 모르는 사람들인 것 같다.

코넬대학교 심리학 교수인 데이비드 더닝도 이에 동의한다.

"인간은 자신의 흔적에 긍정적인 해석을 수없이 내놓는다."

누구나 다른 사람에게는 보이지만 자신에게는 보이지 않는 사각지대를 갖고 있다. 말 그대로 사각에 있어 보지 못하기 때문에 사각지대의 존재를 알 수 없다. 이런 사각지대를 파악할 수 있는 방법이 딱 하나 있다. 다른 사람들로부터 솔직한 피드백을 받을 방법을 찾는 것이다.

하지만 이 방법은 여러 가지 이유로 실천하기 어렵다.

▸ 사람들은 우리를 편안하게 느끼기 전에는 진실을 말하지 않을 것이다.
▸ 누군가 피드백을 줬는데 우리가 방어적이거나 변명하는 모습을 보이면 그는 더 이상 피드백을 주지 않을 것이다.
▸ 조직에서 직급이 올라갈수록 피드백을 받기 어려워진다. 아무도 상사를 비판하고 싶어 하지 않기 때문이다.
▸ 부정적인 피드백이 두려워 피드백 가게를 피하게 된다.

▸ 과거에 피드백을 많이 받아 본 적 없다면 다른 사람이 나를 어떻게 보는지 알 수 없다. 타인의 관점을 모르는 상태에서 우리는 그의 관점을 지어내고 그게 사실이라고 믿는다.

최고의 피드백은 의견보다 관찰에 초점을 맞춘 피드백이다. 우리는 다른 사람이 무엇을 봤는지가 궁금하지 우리가 행동하는 이유를 어떻게 해석하는지는 궁금하지 않다. 누군가 당신의 치아 사이에 브로콜리가 꼈다고 말해 주는 건 도움이 된다. 바로 조치를 취할 수 있으니 말이다. 누군가 당신의 의사소통 방식이 다소 거만해 보인다고 지적해 주면 이 또한 도움이 될 것이다. 마치 사진 속 자신의 모습을 보고 있는데 미처 발견하지 못한 부분을 누군가가 짚어 주는 것과 같다. 이런 사각지대를 일단 인지하기만 하면 어떻게든 대응해 나갈 수 있다.

관리자가 부하 직원들에게 "저는 피드백에 열려 있습니다. 제가 하는 일 중 마음에 들지 않는 게 있으면 주저 없이 말해 주세요. 그게 도움이 될 테니까요. 여러분께 불이익이 갈 일은 없을 겁니다"라고 말했다고 하자. 부하 직원들로부터 아무런 피드백을 받지 않으면 그 관리자는 자신이 잘하고 있다고 생각할 것이다.

하지만 직원들은 자신이 보고를 올리는 상사에게 피드백을 주는 것을 위험하다고 느낄지도 모른다. 이럴 때는 보다 구체적으로 요청을 하는 게 낫다.

"제가 회의에서 여러분의 이야기를 제대로 듣지 않거나 대충 넘기고 있지 않은지 확인해 보고 싶은데요. 앞으로 몇 차례 회의에서 제 발언이나 행동 중 여러분의 말을 듣지 않는 티가 나는 게 있다면 뭐든지 적어 주시겠어요? 저도 제가 어떻게 하고 있는지 모를 수도 있으니까요."

이 질문에는 구체적인 요청 하나가 포함돼 있어서 응답을 받을 가능성이 훨씬 높다.

360도 평가 또한 타인의 관점을 알아볼 수 있는 유용한 방법이다. 솔직한 피드백을 받는 일은 아주 드물다. 하지만 360도 평가는 익명으로 진행되기 때문에 사람들이 안심하고 진실을 말할 수 있다. 상사, 부하 직원 그리고 비슷한 직급의 동료들까지 당신의 의사소통, 행동, 성과에 대해 각자의 관점을 공유한다. 이렇게 여러 사람의 의견을 종합해 정리하므로 누가 어떤 항목을 작성했는지 식별이 불가능하다.

프랭클린 코비에 근무할 때 수백 번도 넘게 강의한 세미나 중 하나는 회사의 대표 프로그램인 '아주 유능한 사람들의 7가지 습관'이었다. 이 세미나에서는 각 참가자가 다른 참가자들에게 자신에 대한 의견을 작성하도록 하는 360도 평가가 진행됐다.

본인의 강점은 물론이고 개선이 필요한 부분까지 깨달아 성장의 기회로 삼을 수 있는 시간이었다. 참가자들은 온라인으로 답변을 제출했고 세션 셋째 날에 활용하기 위해 자신의 결과 리포트를 인쇄할 수도 있었다.

매번 내가 놀랐던 점은 참가자들이 자신의 피드백 결과를 확인하기 두려워한다는 것이었다. 나는 세션 중에 참가자들이 결과 리포트를 확인하는 데 시간을 많이 할애해 피드백 결과를 건강하게 받아들일 수 있도록 도왔다. 대부분의 참가자는 타인이 자신을 어떻게 바라보는지에 대해 처음으로 솔직한 피드백을 받았다. 그들은 수년 동안 애써 외면해 왔던 부정적인 반응을 볼까 봐 두려워했으며, 마침내 자신의 결점이 드러날지 모른다며 걱정에 빠져 있었다.

하지만 세미나가 끝나고 수많은 참가자가 지금껏 참석했던 세미나 중 가장 유익한 시간이었다는 후기를 들려 줬다. 내용도 좋았지만 무엇보다 외부에서 자신을 어떻게 바라보는지 알 수 있었기 때문이다.

진실을 깨닫고 자신의 사각지대를 발견하면 우리는 무엇이든 할 수 있다. EQ가 높지 않은 사람은 인사팀으로부터 어떻게 사람들과의 관계를 개선할 수 있는지 코칭받을 수 있다. 분명 도움이 되는 과정이지만 EQ가 낮은 사람은 변화에 적대적인 경우가 많다. 자기 인식 능력이 충분히 뛰어나 성장하려는 의지를 가진 사람이어야 이런 코칭이 최상의 결과를 낼 수 있다.

선택 사항이 아니라
필수 조건이다

감성 지능을 다루는 책은 많다. 그중에 한 권 사서 읽은 뒤 가르침을 적용해 보면 안 될까? 가능할 수도 있고 아닐 수도 있다. 책은 정보의 원천으로서 훌륭하나 책 한 권 읽고 몇 가지 방법을 시도한다고 해서 뭔가 크게 바꾸기는 어렵다. 기초를 배우고 몇몇 개념에 대해 깊게 생각해 볼 수는 있겠지만 여러 사실을 피상적으로 살펴보는 것만으로 하룻밤 사이에 변화가 일어날 리는 없다. 세미나나 강좌도 같은 범주에 속한다. 통찰력을 제공하고 개념을 이해하는 데 도움을 주지만 이런 과정을 이수한다고 해서 우리의 행동이 저절로 바뀌지는 않는다. 그저 시작 버튼을 누르고 앞으로 나아갈 방향을 잡은 정도에 불과하다.

누구나 감성 지능을 향상시킬 수 있으나 반드시 기나긴 여정을 지나야 한다. 시간과 노력이 필요한 일이며, 다른 사람들과 함께하면서 서로 격려하고 동기를 부여하며 책임감을 가질 때 가장 좋은 결과를 얻을 수 있다. 기타를 배우는 것과 비슷하다. 며칠 안 돼서 몇 가지 기본적인 코드와 스트로크 패턴 정도는 배울 수 있지만 손가락이 아플 것이다. 더 나아가기 어려워 이 정도까지만 배우고 끝내는 경우가 허다하다. 코드와 스트로크가 편해질 때까지 매일 연습하고, 손가락에 굳은살이 생기고, 그래서 모든 동작을 머리가 아니라 몸이 기억할 정도가 돼야 비로소 기타에 통달했다고 말할 수 있다.

감성 지능을 향상시키는 일도 아주 작은 단계부터 시작해 시간이 지나도 꾸준히 노력해야 한다. 몇 년 후에는 사람들이 당신의 감성 지능을 간단히 당신의 일부로 인식할 것이며, 오랜 기간 숙달돼 자기도 모르는 새에 타인과의 관계를 어렵지 않게 구축하고 있을 것이다.

▸ 누구와 대화를 나누든 자신이 필요로 하는 것과 상대방이 필요로 하는 것을 모두 충족하는 해결책을 찾아 '윈윈(Win-Win)'한다.

▸ 매 순간 자신이 느끼는 감정을 섬세하게 인식하고 각 상황에 맞게 감정을 조절한다.

▸ 특별히 노력하지 않아도 상대방의 감정에 귀를 기울이며 그 감정을 활용해 대화를 이끈다.

▸ 몸짓이나 표정 등 미묘한 시각적 신호를 포착해 다른 사람의 생각을 파악한다.

▸ 상대방의 말을 경청하면서도 제대로 이해했는지 확인하기

위해 그 사람의 말을 알기 쉽게 바꿔 본다. 그다음 "더 이야기해 주시겠어요?"라고 물으며 대화를 이어 간다.

▸ 다른 사람에게 의식적으로 고마움과 인정을 표현하며 매사 감사하는 태도를 가진다.

▸ 자신의 마음가짐을 인지하고 어떤 생각을 할지 선택한다.

▸ 끊임없이 다른 사람의 피드백을 구해 이를 성장의 밑거름으로 활용한다.

작가이자 비즈니스 컨설턴트인 켄 블랜차드는 이렇게 말하곤 했다.

"피드백은 챔피언의 아침 식사다."

같은 맥락에서 "감성 지능은 영향력이 강한 사람들의 생명선이다"라고 말할 수 있겠다. 똑똑한 사람은 성공할 수 있다. 하지만 영향력은 세심한 사람에게 찾아온다. 자신의 모습 그대로 살아가면서 감성 지능이라는 마스터 무브를 활용해 보라.

CHAPTER 12

일부러라도
고립을
자처하자

✦

한번은 내가 맡은 세미나를 준비하기 위해 아침 일찍 고객사에 도착한 적이 있다. 이 고객사는 오랜 기간 함께 일해 왔기 때문에 나도 사무실 건물이 익숙했고 어디로 가야 할지 환히 꿰고 있었다. 보통 3층에 있는 대형 회의실에서 인사를 나누곤 했다. 나는 프런트에서 체크인을 하고 그날의 방문객 배지를 수령해 위층으로 올라갔다. 그 당시에는 1층 전체가 공사 중이었다. 새로운 벽이 들어서고, 천장에는 온갖 배선이 드러나 있었으며, 기존에 텅 비어 있던 시멘트 바닥은 아주 새로운 디자인으로 재구성되고 있었다.

훌륭한 회사였지만 사무실 구조를 볼 때마다 마음이 편치 않았다. 층마다 수백 개의 파티션이 있었는데, 문제는 파티션 너머를 손쉽게 볼 수 있을 정도로 높이가 낮았다는 점이다. 아무도 프라이버시를 보장받지 못했고 모두가 주변에서 벌어지는 일을 보고 들을 수 있었다. 정말 어수선하고 시끄럽고…. 정말이지 내향적인 사람에게는 악몽과도 같은 공간이었다. 과연 이런 환경에서 일하면 어떨지 그리고 이곳의 직원들은 만족하고 있는지 아니면 관두지 못해 다니는지 궁금했다.

3층 회의실에서 담당자를 만나 공사는 어떤지 물었다. 그녀는 대답했다.

"심각한 실수를 수습하고 있어요. 몇 년째 진행 중이지만요."

아주 흥미로운 답변이었기에 다시 질문했다.

"무슨 실수였나요?"

그녀가 말했다.

"몇 년 전만 해도 모두가 개방형 사무실의 잠재적 이점을 이야기하고 다녔어요. 모든 사람이 넓은 공간에 같이 있으면 더 자연스럽게 협업하고 창의력을 발휘하리라는 생각이었죠. 뭔가 논의해야 하면 회의 일정을 잡을 필요 없이 근처에 있는 사람에게 질문하거나 책상으로 찾아가면 된다는 거죠. 업무에 활력을 불어넣고 구성원들에게 더 좋은 자극을 줄 수 있겠다고 기대했어요. 경영진도 좋은 아이디어라 판단했고 결국 실행에 옮기기로 했죠."

그다음 내가 무슨 질문을 던질지는 뻔했다.

"그럼 실패했다고 보면 될까요?"

"맞아요."

그녀가 대답을 이어 갔다.

"근데 그 사실을 알아내기까지 몇 년이 걸렸어요. 아무리 노력해도 개방형 사무실에서 기대한 이점은 전혀 나타나지 않았어요. 사실 오히려 역효과가 나는 것 같았죠."

"그건 어떻게 아셨나요?"

"기대했던 대로 협업하는 사람은 아무도 없었어요. 행복해하는 사람도 없었고요. 설문 조사도 해 보고 구성원들과 일대일로 대화도 나눠 봤는데요. 알고 보니 저희 회사는 구성원들이 각자 아이디어를 떠올리는 창의적인 회사더군요. 물론 어느 정도의 협업은 필요하지만 예외적인 경우일 뿐이었어요. 조용하고 방해받지 않는 환경에서 홀로 일하기를 좋아하는 사람들이 대부분의 실질적인 성과를 내고 있었죠."

그녀의 대답이 계속됐다.

"한마디로 말하자면 저희는 창의적인 내향인들로 구성된 회사예요. 그래서 구조를 바꿔 둘레에 작은 방 여러 칸을 뒀어요. 혼자만의 공간에서 집중하고 싶을 때 이용할 수 있는 방이죠. 사무실에 아직 칸막이가 많이 남아 있긴 하지만 혼자서 뭔가 해야 할 때면 언제든지 비어 있는 방에 가면 돼요. 완벽하지는 않겠지만 올바른 방향으로 나아가는 중인 것 같아요. 구성원들도 만족하고 있고요."

삭사 수잔 게인은 "방해 요소가 생길 때마다 업무를 마치는 데 걸리는 시간이 2배가 된다"라는 연구 결과를 인용한 바 있다. 그녀는 내향적인 사람이 조용한 환경보다 개방적인 환경에서 더 많은 실수를 저지르고 더 많은 스트레스를 받는다고도 주장한다.

기업이 시간과 비용을 들여 믿음직스러운 내향적인 직원을 채용해 놓고 정작 개방적인 업무 환경에 둔다면 그 직원에 대한 투자는 물거품이 될 수도 있다. 마치 전문 요리사를 고용하고서는 유아용 오븐만 갖춰진 주방에서 일을 시키는 것과 마찬가지다.

한편 물리적으로 개방적인 환경이 아니더라도 내향적인 성향을 발휘하기 어려운 상황에 처할 수도 있다. 다른 구성원들의 기대감이 크거나, 최적의 업무 방식에 필요한 경계가 무너지거나, 보다 사교적이고 협력적이어야 한다고 압박감을 받는 상황 등이 있겠다. 당장 대화를 나누지 않고 있는데도 여러 사람에게 둘러싸여 있는 상황이 발생할 수도 있다.

결국 당신이 날개를 펴기 위한 공간이 부족해지는 것이다. 쉴 새 없이 이어지는 축제 속에서 일하는 기분이 든다면 업무 환경을 한번 평가해 볼 때다.

환경이 내향인의
성과를 좌우한다

내향적인 사람의 업무 환경 이야기로 이번 장 전체를 채우는 게 이상하게 보일지 모르겠다. 외향적인 사람은 특히 더 그렇게 생각할 수 있다. 하지만 내향적인 사람에게 업무 환경은 정말 중요하다. 업무 환경은 업무의 질과 양 모두에 영향을 끼치며 스트레스와 웰빙 수준까지 결정한다.

이번에 논의하는 내용들은 사무실 환경에 초점을 맞추고 있지만, 혼자서 업무를 수행할 공간이 없는 상황이라면 어디든 동일하게 적용 가능할 것이다. 끊임없이 대화하고 협업하는 병원이나 공장에서 일하더라도 에너지를 충전하고 최고 수준의 성과를 낼 수 있는 창조적인 방법을 찾아내야 한다. 사무실에서 내향적인 사람은 혼자만의 공간에서는 힘을 내지만 개방된 공간에서는 활기를 잃는다. 회의나 협업 시에도 잘할 수야 있지만 실제 업무는 혼자서 처리하는 경우가 많다. 사색은 협업을 대체하는 게 아니라 협업보다 우선한다.

내향적인 사람은 재택근무를 시작할 때 어려움을 겪는 일이 많다. 집 안의 공용 공간에서 근무할 때 특히 더 그렇다. 집에서도 문으로 구분되는 작은 방을 사무실처럼 사용하면 내향적인 사람에게 큰 도움이 될 수 있는데, 이렇게 고립된 공간에서 에너지 레벨을 높게 유지할 수 있기 때문이다.

직장에서 이런 혼자만의 공간은 다른 동료와의 신뢰 관계에서 비롯되기도 한다. 거의 날마다 같이 일했던 옛 동료가 떠오른다. 외향적인 사람이었다. 우리는 서로의 강점을 너무나 잘 알고 있었기 때문에 서로의 요구를 수용할 수 있었다. 고객에게 전달해야 할 말이 있을 때면 그녀는 고민하며 말했다.

"아이디어 몇 개만 일단 던져 보시겠어요? 아니면 먼저 혼자 생각해 보신 다음에 거기서부터 시작할까요? 아, 아닙니다. 우선 혼자 고민해 보시는 게 낫겠죠. 끝나면 메시지 주세요."

서로 업무 방식이 완전히 다른데도 각자의 본모습 그대로를 신뢰할 수 있다니 우리 둘 모두에게 신선한 경험이었다.

내향적인 사람은 다른 사람들도 들을 수 있는 곳에서 통화를 하면 사무실 전체에 방송하는 듯한 느낌을 받는다. 아마도 다른 사람들은 통화를 신경 쓰지 않을 테지만, 수많은 청중이 우리의 통화 내용을 잠자코 비판하는 것만 같다. 다른 사람들에게 어떻게 비춰질지 걱정하기 시작하면 통화 상대에게 집중하기 어려워진다. 내가 아는 동료는 프라이버시를 지키기 위해 자신의 차에서 통화를 하기도 했다.

지금까지 한 이야기가 외향적인 사람에게는 우스꽝스럽게 들릴 수도 있다. 그러나 내향적인 사람에게는 거의 생사가 달린 문제다. 그래서 맞춤형 업무 환경을 구축하는 능력을 여섯 번째 마스터 무브로 삼았다. 이를 제대로 이해하고 적용하면 내향적인 사람이 직장에서 하는 모든 일의 토대를 제대로 갖출 수 있다.

먼저 조직 내에서 변화를 일으키는 방법을 다뤄 보겠다. 그다음, 어떤 환경에 처해 있든 실천해 볼 수 있는 일들을 살펴보자.

내향인에게 고립은 최선의 선택이다

명심해야 할 점은 직장에서 내향적인 사람으로서 어려움을 겪고 있다면 비슷한 어려움에 처해 있는 사람들이 더 있다는 것이다. 회사 사람들 중 많으면 50퍼센트가 내향적일 텐데, 아마 말을 하지 않았을 뿐 모두 같은 어려움을 겪고 있을지도 모른다. 당신 주변에서 일어나고 있는 일들은 당신의 잘못이 아니다. 당신이 아니라 당신이 일하는 환경이 문제라는 사실을 명심하기 바란다.

그럼 이렇게 반문할 것이다.

"그런데 바꿀 수 있는 게 없잖아요. 상사한테 가서 개인 사무실을 달라고 할 수도 없고요."

틀린 말은 아니다. 하지만 그렇다고 해서 자신의 요구를 솔직하게 말하면 안 된다는 법은 없다. 내향적인 사람은 조직의 리더들을 관찰해 그들에게 무엇이 중요한지 파악할 줄 아는 고유한 능력을 갖추고 있다. 이 능력을 바탕으로 창의적이고 세심한 해결책을 떠올려서 시간을 두고 리더에게 적용해 볼 수 있다. 당신의 감성 지능을 최선으로 활용해 리더의 필요와 당신의 필요를 동시에 충족하는 방향으로 정직하고 열린 관계를 구축하는 것이다.

직장 내 내향적인 동료 몇 명과 이야기를 나누며 그들이 직장에서 어떻게 지내는지 살펴보라. 이런저런 사례를 검토하자는 게 아니다. 단지 다른 사람의 경험을 공유받아 당신과 상사 모두가 당신이 겪고 있는 어려움을 더 넓고 명확히 바라볼 수 있게 하자는 것이다.

일단 내향적인 동료들의 생각을 모은 뒤에 현재 상황과 하나 이상의 창의적인 해결책을 간결하면서도 철저하게 정리해 보라. 리더는 일반적으로 단순한 불평이나 감정을 쏟아 내는 듯한 방식에는 잘 반응하지 않는다. 객관적이고 사실적인 태도를 유지하고 어떤 이점을 얻을 수 있는지에 초점을 맞춰 현실적인 해결책을 제시하면 상사가 관심을 보일 가능성이 기하급수적으로 커질 것이다.

고려해 볼 만한 방법을 몇 가지 정리해 봤다.

첫째, 필요성을 어필하라.

상당히 많은 직원이 최고의 성과를 낼 수 없는 업무 환경에 처해 있다고 이야기한다.

둘째, 연구 결과를 설명하라.

내향적인 사람이 다른 사람들과 매번 협업할 때보다 혼자서 일할 때 어떻게 성공적으로 최선의 결과를 낼 수 있는지 설명한다. 이를 실현할 방법을 찾으면 내향적인 구성원들의 기여도가 크게 증가해 생산성, 분위기, 재정 수익에 좋은 영향을 미칠 것이다. 여기에는 이 책에서 다루는 내용을 비롯해 당신이 연구한 핵심 사항이 포함될 수 있다.

셋째, 구체적인 근거를 제시하라.

현재 업무 환경이 어려울 때의 구체적인 예시를 2~3가지 들고, 약간의 변화가 성과와 분위기에 어떤 긍정적인 영향을 미칠 수 있는지에 대해서도 몇 가지 예시를 제시한다.

넷째, 해결책을 제시하라.

최소의 비용으로 최대한 말썽 없이 문제를 해결할 수 있는 방안을 몇 가지 제시한다.

가능한 한 형식적인 프레젠테이션이 아닌 진정한 대화가 되도록 하라. 구성원들의 희망 사항보다는 변화가 가져다줄 이점에 집중해 아이디어를 모색해야 좋다. 그리고 어떻게든 변화를 일으키기 위해 압박하려는 게 아니라, 일단 대화의 창구를 열어 내향적인 구성원들이 최선의 결과를 내도록 돕고 싶다는 점을 강조하라.

입맛에 맞는 환경을
직접 조성하라

만약 회사 측에서 내향적인 구성원을 위해 환경을 바꿔 주지 않으면 어떻게 해야 할까? 2가지 선택지가 존재한다.

첫째, 수동적으로 반응한다.
환경이 바뀌리라는 가망이 없어 보이니 그냥 포기한다. 일하기에 그리 바람직하지 않은 환경에 갇힌 채로 지낸다.

둘째, 적극적으로 나선다.
내 손으로 어찌할 수 없는 것은 받아들이고 통제할 수 있는 부분은 통제하는 법을 배운다. 참신한 해결책을 찾기 위해 끊임없이 노력하며, 이상적이지 않은 상황에서도 성공하는 방법을 모색한다. 주변 상황을 매번 통제할 수는 없지만 어떤 상황에 처하든 대응책을 설정될 수는 있다.

비참한 근무 환경을 향해 제 발로 걸어갈 사람은 아무도 없기 때문에 첫 번째 선택지는 제외하자. 두 번째 선택지를 고른다면 어떤 상황에서도 적절하게 결정을 내릴 방법을 찾아야 한다. 때로는 더 적합한 문화를 가진 조직으로 이직을 꾀해야 할 수도 있다. 하지만 대부분의 경우 창의적인 대안을 구상해 현재 위치에서 뜻하는 바를 이루게 될 것이다.

사무실에서 대면 근무를 하든 집에서 재택근무를 하든 자신의 환경을 통제할 수 있는 몇 가지 아이디어를 고려해 보자.

▶ 집중에 방해가 되는 요소를 최소화하라.

노트북의 집중 모드를 이용해 미리 정해 둔 시간 동안 인터넷이나 여타 방해 요소에 접근하지 못하게 할 수 있다. 개인 사무 공간이 있다면 문을 닫아 두면 좋다.

▶ 일정에 집중을 위한 시간을 선점해 두라.

한 주를 시작할 때 매일 2시간 정도는 불가능한 시간으로 잡아 두기 바란다. 이렇게 잡아 둔 일정은 상사와의 미팅처럼 중요하게 여기고 반드시 지켜야 한다. 누군가 만남을 요청하면 "죄송하지만 그 시간에 일정이 있습니다. 대신 1시간 후에 15분 정도 시간을 낼 수 있는데 괜찮으실까요?"라고 대답하자.

▶ 집중하고 있을 때는 표지판을 걸어 두라.

집중해 몰두할 때 최고의 결과를 내는 편이어서 집중할 때마다 '집중하고 있음' 표지판을 걸어 두겠다고 주변 사람들에게 알려 주자. 방해하지 말아 달리는 뜻으로 말이다. 그래도 방해하는 사람이 있다면 "지금 처리 중인 것만 마치면 바로 사무실로 갈게요. 15분이면 될 거예요"라고 말하라. 시간이 좀 걸리겠지만 이내 모두들 당신의 방식에 적응할 것이다.

▶ 사라지라.

가끔 다른 사무실이나 회의실, 또는 카페에 가서 업무를 처리하자. 공유 캘린더 또는 문에 걸어 둔 표지판에 복귀 예정 시간을 공지해 두고 약속한 시간에 정확히 복귀해 추후에 다른 사람들이 당신의 방식을 존중할 수 있도록 해야 한다.

▶ 헤드폰을 착용하라.

항상 사용할 수 있는 방법은 아니며 집중하고 싶을 때만 활용하라. 노이즈 캔슬링 헤드폰이나 이어폰을 착용하면 업무 환경을 굉장히 조용하게 만들 수 있으며, 동시에 동료들에게는 일에 몰두하고 있다는 신호를 보낼 수 있다. 헤드폰은 한 번에 1시간이내로 제한해 동료들이 언제든 다가올 수 있도록 하자.

▶ 일찍 출근하거나 늦게 퇴근하라.

재택근무를 하든 대면 근무를 하든 가능하면 스스로 근무 시간을 정할 수 있을지 문의해 보라. 만약 이른 아침이 가장 상쾌하다면 다른 사람들이 출근하기 1~2시간 전에 먼저 업무를 시작하라. 그럼 그 시간 동안 하루 업무의 절반을 처리할 수 있을지도 모른다. 늦은 시간이 더 좋다면 퇴근 시간 후에 남아 업무를 보면 된다.

▶ 원격 근무를 요청하라.

회사 문화와 담당 업무에 문제가 되지 않는다면 리더와 상의해 시범적으로 일주일에 하루나 이틀은 집에서 근무해 보라. 사무실에서 근무할 때와 비슷한 성과를 낼 수 있을지 사람들이 염려한다면 일단 한 달 정도만 해 보자고 제안하는 것도 좋다. 어떻게 성과를 측정할지 상호 합의를 한 다음 그 기대치를 충족하거나 넘어설 수 있도록 노력하면 된다.

▶ 책상에 벽을 세우라.

서로가 훤히 보이는 짧은 칸막이를 피할 수 없다면 몇 가지 간단한 조정을 해 보라. 먼저 책상과 모니터를 전략적으로 배치한다. 다른 사람의 시야를 가릴 만한 식물을 몇 개 두면 프라이버시를 더 확보할 수 있다. 그렇다고 책상을 열대 우림으로 만드는 건 곤란하다. 적당히 가려질 정도로만 감각적인 소품들을 활용해 보자.

▸ 자주 휴식을 취하라.

회의 시간을 정할 수 있다면 1시간보다는 50분이 더 바람직하다. 그럼 남은 10분 동안 밖을 걷거나 계단을 조금 오르내리며 신체의 에너지를 재충전할 수 있다. 되도록이면 한 자리에 1시간 이상은 앉아 있지 말자. 필요하다면 캘린더에 휴식 시간을 등록해 당신이 언제부터 언제까지 부재중인지 다른 사람들도 알 수 있게 하라.

▸ 점심시간에는 일하지 말라.

파킨슨 법칙에 따르면 업무량은 그 업무를 처리하기 위해 할당한 시간만큼 늘어난다. 주어진 시간이 1시간이라면 실제로 일을 마치는 데 1시간이 걸릴 것이다. 만약 45분밖에 없다면 45분 안에 일을 끝낼 것이다. 밀린 업무를 마치려면 점심시간까지 일하는 수밖에 없다는 생각이 들 때도 있다. 하지만 적절히 휴식을 취하면 머리가 맑아지고 몸도 가벼워진다. 사무실 건물을 벗어나 산책을 하거나 야외 벤치에 앉아 잠시 독서를 해 보자. 업무에서 완전히 벗어나 휴식을 취하고 나면 새롭게 에너지를 충전해 오후를 맞이할 수 있다. 재택근무 시에도 적용해야 할 중요한 원칙이다.

▶ 생각을 타이핑하라.

생각하면서 타이핑하는 습관을 기르라. 생각하는 것은 내향적인 사람이 할 수 있는 가장 창의적인 일이다. 하지만 당신이 앉아서 생각하고 있는 모습을 누군가 본다면 아무것도 안 하고 있다 여기고서는 지적하려 들 것이다. 만약 당신이 키보드로 타이핑하고 있다면 사람들이 바로 지적하지 않고 조금 더 지켜볼 가능성이 크다. 게다가 생각을 타이핑해 기록하면 그 생각을 정리하고 구조화하는 데도 도움이 된다.

내향적인 기질을 가진 사람인데, 이상적인 환경에서 일하고 싶은가? 선택은 당신의 몫이다. 그런 환경을 만들어 보라. 노력해 세상을 변화시키는 것이다. 당신뿐만 아니라 훨씬 더 많은 사람에게 도움을 줄 수 있다. 이와 동시에 환경이 실제로 바뀌든 그렇지 않든, 매일매일 작은 실천을 통해 어떤 환경에서든 성공에 이를 수 있도록 해 보자.

당신 주변의 환경은 당신이 내향적인 사람으로서 성공하는 데 필요한 비법 소스와 같다. 당신이 필요로 하는 환경을 만들 수 있기 바란다!

CHAPTER 13

준비에
가장 많은 시간을
투자하라

✦

　내게 마법의 약이 있어서 내향적인 사람들이 사회에서 겪을
법한 모든 문제를 해결할 수 있다면 어떨까? 어쩌면 모든 상황
에서 자신감을 갖게 되고, 다른 사람들이 우리의 능력을 알아보
고 조언을 구할 수 있으며, 조직의 모든 계층으로부터 존경을 받
게 될지도 모른다. 심지어 외향적인 사람들이 질투를 느끼고 우
리처럼 되고 싶어 할 수도 있다.

　말도 안 되는 소리 같은가? 당연히 불가능한 이야기다. 하지
만 비슷한 결과를 낼 수 있는 방법이 존재한다. 모든 문제를 해
결할 수는 없겠으나 이번 마스터 무브는 가장 간단하며 사람이
하는 거의 모든 일에 큰 영향을 미칠 수 있다. 누구나 활용 가능

하지만 특히 내향적인 사람에게 유용한 마스터 무브다.

그럼 마법의 약의 정체는 무엇일까? 바로 준비다. 7가지 마스터 무브 중 단 하나를 골라 실천해야 한다면 준비가 제일 쉬우면서도 가장 큰 효과를 가져다줄 수 있다. 특수한 훈련이나 다년간의 경험이 필요하지도 않다. 그저 꾸준히 실천하기만 하면 된다. 준비를 잘하면 내향적인 사람의 성공을 방해하는 요소들을 모두 극복할 수 있다.

준비하면 성공할 확률은 기하급수적으로 높아진다. 반면 준비하지 않으면 실패할 확률이 기하급수적으로 높아진다. 농부는 흙을 최적의 상태로 준비해 수확량을 늘리기 위한 환경을 조성한다. 흙을 제대로 준비하지 않으면 농작물이 자랄 수는 있어도 풍성하게 자라지는 않는다. 환경이 좋지 않으니 씨앗은 어떻게든 살아남기 위해 고군분투할 것이다.

마찬가지로 CEO가 직원들에게 안 좋은 소식을 전달해야 하는 경우, 공감을 이끌어 내는 방식으로 정보를 전달할 수 있게 철저히 준비해야 직원들의 동요를 최소화할 수 있다. 만약 안 좋은 소식을 사전 준비 없이 공지해 버리면 결과는 완전히 달라질 것이다.

역사적으로 크게 성공한 사람들 중에는 철저히 준비하는 마음가짐으로 성공을 거둔 이들이 있다. 에이브러햄 링컨은 이렇게 말했다고 전해진다.

"나무를 베는 데 6시간이 주어진다면 나는 먼저 도끼날을 가는 데 1시간을 쓰겠다."

알베르트 아인슈타인이 남겼다고 알려진 말도 있다.

"문제를 푸는 데 1시간이 주어진다면 문제에 대해 생각하는데 55분을 쓰고 나머지 5분 동안 해결책을 찾을 것이다."

스티븐 코비 박사도 이렇게 말하곤 했다.

"운전하느라 바빠서 주유할 시간도 내지 못한 적이 있나요?"

1시간 안에 마쳐야 하는 업무가 있다면 보통은 '당장 일해야겠어'라고 생각한다. 해결책을 찾으려면 일분일초도 아껴야 하는데 준비하느라 더 시간을 쓰는 건 어불성설인 듯하다. 하지만 실제로는 계획을 세운 덕분에 업무를 끝내는 시간이 크게 단축된다. 준비는 모든 성공의 촉매와 같다. 또한 준비는 내향적인 사람에게 자신감을 불어넣을 수 있는 가장 빠른 방법이기도 하다.

이기기 위한 준비보다
이해를 위해 준비하라

내향적인 사람들은 심사숙고하는 사람들이다. 생각을 그냥 던져 놓고 어디로 튈지 보는 것이 아니라 뭔가 생각이 떠오르면 충분히 더 탐구한 다음 여러 가지 선택지를 고안해 낸다. 내향적인 사람의 장점은 깊이 있고 체계화된 세계적 수준의 아이디어를 고안할 수 있는 독특한 능력을 갖췄다는 점이다. 물론 단점도 있다. 충분히 고민해 보기 전에 누가 의견을 물어보면 곧바로 대답하는 데 어려움을 겪는 경우가 많다. 갑자기 의견을 묻는데 무슨 말을 해야 할지 모를 때면 우리는 좌절감을 느끼곤 한다. 나중에 자신의 모습을 돌이켜 보고 대답할 수 있던 내용들이 떠오르면 왜 그때는 재빠르게 생각하지 못했는지 자책하기도 한다. 그러다 자신감을 잃고 역량이 부족하다는 생각에 빠지게 된다. 더 이상 당시의 상황은 안중에 없고 본인 개인의 가치만을 평가해 버리는 것이다.

극단적으로 들릴지도 모르겠다. 하지만 직접 경험해 보면 실상은 다르다. 다른 사람들이 모두 자신만만해 보이니 우리에게만 문제가 있다고 생각하기 쉬운데, 정작 상황을 제대로 파악해 보면 소수의 자신만만한 사람들 때문에 그렇게 느껴지는 것뿐이다. 아무 말도 하지 않는 사람들이 훨씬 더 많으며 이들이 말을 하지 않으니 우리는 알아차리지 못할 수밖에 없다. 우리가 자신감이 부족하다고 느낀다면 다른 사람들도 마찬가지일 것이다.

안전지대를 벗어난 과업을 맡을 때도 비슷한 과정을 겪는다. 익숙하지 않은 일을 맡으면 어떤 부분이 잘못될 수 있는지, 이 일이 얼마나 어려울지, 실패할 확률이 얼마나 높을지 등을 신경쓰기 마련이다. 아주 고통스러운데 이 고통을 피할 길이 없어 보인다. 물론 그렇게 걱정할 에너지로 철저하게 준비를 마치면 자신감을 가질 수 있다고 주장하는 사람도 있을 것이다. 이 주장은 외향적인 사람에게는 타당해 보이겠으나 내향적인 사람에게는 그리 지관적이지 않을 수 있다. 내면에서 '나는 이거 못해'라고 굳게 믿고 있다면 간단한 해결책조차 떠올리기 어렵다.

서로 다른 기질을 가진 사람들은 같은 상황을 서로 다른 방식으로 바라본다. 사실 이건 굉장히 오래된 문제다. 2,000년 전에 예수도 똑같은 상황에 대해 다음과 같은 이야기를 들려 줬다.

너희 중에 누가 망대를 세우려 할 때 먼저 앉아서 그것을 완성할 만한 돈을 가졌는지 비용을 계산해 보지 않겠느냐? 만일 기초 공사만 하고 완성하지 못하면 보는 사람들이 모두 "이 사람이 시작만 해 놓고 끝내지 못했군" 하고 비웃을 것이다. (누가복음 14장 28절~30절)

상황을 주의 깊게 파악한 다음 내향적인 사람과 외향적인 사람이 같은 이야기를 어떻게 다르게 받아들일지 생각해 보라. 외향적인 사람이라면 대부분 이 이야기를 읽고 '제대로 준비하지 않으면 프로젝트도 제대로 마칠 수 없겠어. 내 성공을 내가 막아 버리는 거야'라고 생각할 것이다. 자신의 성과에 초점을 맞추는 셈이다.

한편 대부분의 내성적인 사람은 이 이야기를 읽고 '제대로 준비하지 않으면 모두가 나를 비웃겠구나'라고 생각할 것이다. 다른 사람의 반응을 중요시하는 것이다. 평생 이런 패턴을 반복하다 보면 뛰어난 능력을 발휘하는 데 필요한 자신감을 갖지 못할 거라고 믿거나, 대화 중에 하고 싶은 말을 하려면 언제나 힘들게 애써야 할 거라고 믿게 된다.

그러나 꼭 그렇게 되리라는 법은 없다. 내향적인 사람들도 스스로를 명확히 이해하고 열심히 준비한다면 어떤 상황에서도 뛰어난 능력을 발휘하고 빛날 수 있다. 혹자는 준비가 상대방이 물어볼 법한 질문을 모조리 생각해서 그에 대한 모든 답변을 외우는 일이라고 생각한다. 하지만 실제로는 예상 질문에 얼마나 많이 대비했는지는 전혀 중요하지 않다. 상대방은 언제나 미처 생각하지 못한 질문을 하나쯤 던질 것이다. 준비해 둔 답변이 없으니 당신은 곤란한 상황에 처한다.

준비한다는 건 토론에서 이기기 위해서가 아니라 주어진 주제를 잘 이해하기 위해 다양한 각도에서 검토해 보는 것을 뜻한다. 예를 들어 당신이 회사 내부에서 진행한 설문 조사 결과가 처음으로 공개되고 이에 대해 논의하는 회의에 참석한다고 가정해 보자. 대부분의 사람은 내향적이든 외향적이든 설문 조사 결과를 회의장에서 확인해야겠다고 생각한다. 이런 상황은 내향적인 사람에게 불리하다. 사전에 정보를 정리할 시간이 없었으므로 누가 갑자기 의견을 물어보면 대답하기 힘들 테니 말이다. 이런 경우에는 가만히 있지 말고 설문 조사 결과 사본을 받아서 그 내용을 미리 확인할 수 있는지 문의해 보라. 오래 걸릴 일도 아니다. 공식적으로 의견을 발표할 정도로 준비하기는 불가능하겠지만, 회의 중에 의견을 공유해 달라는 요청을 받았을 때 당황하지 않을 만큼은 충분히 대비 가능하다. 회의에서 논의하는 내용과 미리 파악한 정보를 연관 지을 수 있기 때문에 여유롭게 답변할 수 있을 것이다.

누군가 내게 미국과 그린란드의 운전 습관을 비교하는 토론 자리에 참석해 달라고 하면 나는 할 말을 잃고 말 것이다. 하지만 미국과 에티오피아의 운전 습관을 다룬다면 나는 얼마든지 의견을 낼 수 있다. 에티오피아에서 체류한 경험이 있기 때문이다. 당시 나는 자가용을 몰았고 택시도 종종 이용했으므로 에티오피아와 미국의 운전 습관이 어떻게 다른지 잘 안다.

그러나 그린란드에 대해서는 배경지식이 없어서 그곳 사람들이 어떻게 운전하는지 이야기할 자신이 없다. 준비가 돼 있지 않은 셈이다. 에티오피아에서 살았던 경험 덕분에 내게는 에티오피아 사람들의 운전 습관을 이야기하는 게 훨씬 편하다. 즉 에티오피아의 운전 이야기에는 준비가 돼 있다고 볼 수 있다. 물론 그린란드의 운전 문화를 두고 팀 회의가 진행될 것이라는 사실을 일세 됐다면 회의에 앞서 적당히 조사를 해 미리 배경지식을

쌓아 둘 수 있다. 경험을 바탕으로 말할 수는 없겠지만 준비 과
정에서 배운 내용을 바탕으로 말하는 건 가능할 것이다. 어떤 상
황에서든 더 철저히 준비할수록 더 자신감을 가질 수 있다.

절차 파악보다
요구 파악이 중요하다

준비에는 기분을 좋게 만드는 뭔가가 있다. 연구에 따르면 특
정 분야에 대해 준비를 할 경우, 우리의 뇌는 연관이 없는 분야
에서도 자신감을 갖도록 작용한다고 한다. 준비만 잘해도 더 나
은 미래가 펼쳐지는 것이다.

나는 30년 넘게 수백 곳의 기업을 대상으로 강연을 해 왔다.
동네 구멍가게라 할 만한 곳부터 〈포춘〉 100대 기업에 선정된
곳들까지 고객은 다양했다. 커뮤니케이션, 리더십, 생산성의 다
양한 측면에 대해 매년 약 100회의 세션을 진행했다. 거의 매일
새로운 환경과 문화를 접해야 했다는 뜻이다. 직원들에게 하루
동안 업무에서 벗어나 성장의 시간을 갖도록 하는 건 기업 입장
에서도 큰 투자였기 때문에 그들이 원하는 경험과 결과를 정확
하게 제공할 수 있어야 했다. 내향적인 사람으로서 나는 강연 주
제를 잘 파악하고 발표를 멋지게 해내는 것 이상이 필요했다. 청

중의 구체적인 요구 사항과 고객사의 기대치를 최대한 명확히 이해하는 것도 필요했다. 나는 쇼를 하러 간 것이 아니었다. 현장에 있던 청중은 물론이고 다른 구성원들까지 새로운 수준의 지식과 연대감, 실행력을 갖출 수 있도록 도움을 주고 싶었다.

이 일을 시작한 지 얼마 안 됐을 때는 고객사에 먼저 전화를 걸어 몇 시에 도착해야 하는지, 어디에 주차를 해야 하는지, 점심시간은 어떻게 되는지, 강연장 세팅은 어떻게 돼 있는지 따위를 묻곤 했다. 나는 절차에 관한 것만을 준비했다. 그래야 마음이 편해졌다.

얼마 뒤 이런 식의 준비는 고객의 요구에 부합하지 않는다는 사실을 깨달았다. 그 즉시 동료들에게 도움을 받고 우리 회사의 규정을 파악해 세미나를 시작하기 전에는 어떤 준비가 필요한지를 알게 됐다. 화상 통화가 없던 시절이어서 장시간의 전화 통화를 통해 고객사의 문화와 이들이 겪고 있는 문제 그리고 세미나를 진행하기로 결정한 이유를 알아보는 것도 준비의 일부였다. 이런 사전 통화 덕분에 세미나를 진행하기 전부터 담당자와 좋은 관계를 구축하고 긴밀하게 소통할 수 있었다. 통화의 목표는 고객사만이 마주한 과제를 발견하고 이를 해결하는 데 도움이 되도록 강연 내용을 맞춤화하는 것이었다.

이렇게 통화를 해서 고객사의 모든 걸 파악 수 있었을까? 당연히 아니지만 그래도 괜찮았다. 고객사만의 고유한 상황을 어느 정도 이해할 만큼 충분히 준비했기 때문에 그들의 상황에 맞게 강연을 수정하는 데 자신이 있었다. 나는 평범한 강연 제공자가 아니었다. 고객사가 변화할 수 있도록 돕는 파트너였다.

강연이 있는 날에는 여전히 절차가 어떻게 되는지 파악해야 한다. 세부 사항을 더 알면 알수록 아침 출근길 운전이 더 편안 해진다. 인터넷이 없던 시절에는 종이 지도를 보며 최적의 경로 를 찾곤 했다. 로스앤젤레스 지역에서 강의할 때면 고속도로에 서 뭔가 사고가 발생해 교통 체증에 시달릴 위험이 항상 존재했 다. 그래서 교통 체증을 피해 새벽 4시 30분이나 5시에 집을 나 선 뒤 카페에 들러 잠시 쉬거나 업무를 처리한 적도 많다. 보통 은 아무 일도 일어나지 않지만, 도로에 갇혀 제때 도착할 수 있 을지 걱정하는 것보다는 어디든 일찍 도착해 커피를 마시며 휴 식을 취하는 게 더 낫다. 특히 시간 관리에 대해 강연을 하는 경 우에는 더욱 그렇다.

준비와 동시에
결과를 떠올려라

강연가 로저 크로포드는 말했다.

"준비의 질은 성과의 질에 영향을 끼칩니다."

이 말은 삶의 거의 모든 영역에 적용할 수 있는 말이다. 자신이 어떤 결과를 얻을지, 무엇을 해내고 어떤 감정을 느낄지 알고 싶다면 준비를 얼마나 잘했는지 살펴보면 된다.

비행기 조종사는 비행 전에 항상 비행기를 철저히 점검한다. 그들은 엔진에 시동을 걸기 전에 비행기의 모든 부분이 제대로 작동하는지 확인하기 위해 세부 사항이 전부 인쇄된 체크 리스트를 활용한다. 수십 년 동안 일한 베테랑이라면 이런 점검 과정을 생략하거나 적어도 체크 리스트를 쓰지는 않으리라고 생각하는 사람도 있을 것이다. 어쨌든 비행 전 점검을 너무나 많이 진행해 봤으니 지금쯤이면 제2의 천성이나 다름없지 않겠는가?

틀렸다. 지금도 모두가 체크 리스트를 사용한다. 시간이 흘러 점검에 익숙해질수록 사소한 실수를 일으켜 비행기가 추락할 수도 있다는 사실을 누구보다 잘 알기 때문에 혹시라도 일어날 수 있는 모든 상황에 대비하는 것이다. 이들은 근거 없이 낙관하지 않으며, 정밀한 사전 준비를 통해 자신 있게 이륙한다. 승객 또한 조종사의 세심한 준비를 보고 안심할 수 있다.

이 방법은 일상을 준비하는 데도 도움이 된다. 하루를 시작할 때마다 그날의 일정에서 어떤 기회를 포착할 수 있을지 잘 생각해 보고 그 기회를 하나하나 살펴보면서 다음 3가지 질문을 스스로에게 던져 보자.

"내가 예상한 대로 진행될 일은 무엇일까?"

"내가 예상하지 못한 대로 진행될 일은 무엇일까?"

"두 경우 모두 잘 대비하려면 어떻게 해야 할까?"

할 일 목록 대신 결과 목록을 두고 작업하는 것도 좋다. 당신의 하루를 그저 일련의 작업들로만 보지 말라. 중요한 건 하루가 끝날 때까지 어떤 일이 일어나야 하는지, 즉 어떤 결과를 얻어야 하는지다. 비교적 중요성이 덜한 작업에 정신이 팔려 정작 반드시 필요한 결과를 내지 못하는 일이 발생할 수도 있다. 이런 상황에 대비하려면 어떻게 해야 할까? 리스크와 영향력이 큰 결과일수록 준비를 잘 해내는 것이 중요하다.

하루가 몹시 바쁘게 흘러갈 때면 준비를 통해 그 혼돈스러운 흐름을 멈출 수 있다. 한 걸음 물러서서 숨을 고른 다음 무슨 일이 일어나고 있는지 살펴보라. 그렇지 않으면 스스로를 통제하지 못하고 밀려드는 일을 수습하느라 바빠질 것이며, 급한 일 때문에 정작 중요한 일을 놓치고 말 것이다. 혼란은 우리의 시야를 흐리게 해 최선의 결정을 내리지 못하게 만든다.

준비에는 오랜 시간이 걸리지 않는다. 1~2분만 한 발 물러서서 큰 그림을 다시 본 뒤에 전장에 복귀하면 된다. 준비와 결과는 한 몸이다. 의식적으로 준비를 철저히 할수록 결과도 더 훌륭해진다. 반면 준비가 부족할수록 결과는 더 불안정해진다.

가장 기쁜 소식은 뭘까? 내향적인 사람이 준비하는 능력을 체화하면 성공할 수 있다는 막연한 생각에서 나아가 성공할 가능성이 충분하다는 생각을 가질 수 있다. 물론 어떤 일을 하든 성공할 수 있는 마법의 약은 없다. 하지만 준비를 긍정적으로 바라보고 일상에서 항상 준비하는 습관을 갖춘다면 우리의 자신감이 높아짐은 물론이고 성과 역시 급격히 좋아질 것이다. 마치 마법처럼 말이다.

지금까지 내향적인 사람에게 경쟁 우위를 제공하는 7가지 마스터 무브를 모두 살펴봤다. 이 모든 걸 처음부터 완벽히 익힐 수는 없다. 작은 것부터 차근차근 실천하면서 성장해 나가면 된다. 시간이 지남에 따라 외향적인 세상을 더 잘 탐구할 수 있게 되면 자신감이 커지는 걸 느끼기 시작할 것이다. 우리 여정의 마지막 단계는 이 마스터 무브들을 자신의 업무 환경과 인간관계에 어떻게 적용할지 알아내는 일이다. 분명 노력할 만한 가치가 있을 것이다!

Part 3

선택과 집중이
일으키는
변화

성과를 올리는 법부터
목표에 도달하는 법까지

The Introvert's Guide To Success In The Workplace

CHAPTER 14

나만의 강점을
제2의 천성으로
만들자

✦

"좋아요. 이제 알겠어요."

당신의 목소리가 들리는 듯하다.

"내향적인 사람으로 사는 것도 꽤 괜찮네요. 올바른 마음가짐을 가지면 저만의 강점을 활용할 수 있고, 스스로를 기분 좋게 바라볼 수도 있고, 변화를 일으킬 수 있다는 것도 알겠어요. 제 모습과 제 고유한 기질을 받아들이는 방법도 알겠고요. 하지만 제 상사나 동료들은 이 책을 읽지 않았잖아요. 그 사람들은 우리가 모두 같은 방식으로 일해야 한다고 생각할 거예요. 제 강점이 뭔지는 알겠는데 사내 문화가 제 강점을 항상 중요시하지는 않겠죠. 그럼 어떻게 해야 제 강점을 잘 활용할 수 있을까요?"

그렇다. 격차는 아직 존재한다. 내향적인 사람은 스스로의 모습과 고유한 자질을 보고 뿌듯할 수는 있겠지만, 여전히 외향적인 사람들의 기준과 기대치에 맞춰 일을 해야 하는 업무 환경에 놓여 있다.

내향인의 강점을
100퍼센트 활용하는 법

▸ 생각을 정리할 시간도 없이 회의에서 의견을 말해야 한다.
▸ 기가 세고 다루기도 어려운 팀 동료가 당신의 아이디어를 무시하거나 빼앗는다.
▸ 전통적인 리더십 스킬이 부족해 보인다는 이유로 승진 대상에서 제외된다.
▸ 결국에는 관리자 직급에 오르지만 팀에서 리더로 인정받지 못한다.
▸ 아무도 당신을 이해하지 못하고 당신의 아이디어를 알아보지 못한다. 심지어 아이디어를 제안할 기회도 주지 않는다.
▸ 상급자나 경영진과 대화할 때 주눅들 때가 많다.

이게 바로 마지막 파트에서 다룰 내용이다. 앞선 파트에서는 내향성을 주제로 한 훌륭한 책들을 여럿 소개했다. 개중에는 내향적인 사람에게 편안한 업무 환경을 만들어 주고 싶은 외향적인 리더에게 도움이 될 만한 좋은 책도 있었다. 다른 책들은 여러 연구 결과를 바탕으로 내향적인 사람에게 무엇이 필요한지 명확히 밝히고 내향적인 사람의 고유한 특성을 인정하고 있다. 이제 우리에게 필요한 건 이론이 아니다. 우리에게는 성공에 정말로 도움이 되는 간단하면서도 실용적인 수단과 실천법이 필요하다.

이 책은 다음의 짧은 질문 하나만큼은 자신 있게 답할 수 있다. "내향적인 사람으로 성공하려면 어떻게 해야 할까?"

파트 2에서 다룬 7가지 마스터 무브는 일상 곳곳에서 탁월한 능력을 발휘하게 만들어 줄 것이다. 이 기술들은 누구나 활용 가능하지만 내향적인 사람에게는 제2의 천성이 될 수도 있다. 마스터 무브를 토대로 이제 직장에 집중해 보자. 업무 문화를 바꾸는 것은 미인 대회 참가자가 세계 평화를 이룩하는 것만큼이나 어렵다는 사실을 우리 모두 잘 알고 있다. 하지만 다음의 6가지 주요 상황은 타고난 기질에 상관없이 모든 직장인들이 겪을 만하다.

▸ 커리어 쌓기
▸ 타인과 원활하게 협업하기

- ▶ 눈에 띄기
- ▶ 리더십 발휘하기
- ▶ 자신 있게 소통하기
- ▶ 더 큰 목표에 집중하기

내향적인 사람이라면 이 모든 상황이 쉽지 않게 느껴질 것이다. 전부 외향적인 스킬이 필요해 보이기 때문이다. 그러나 올바른 마음가짐과 상황에 대한 이해 그리고 숙련된 마스터 무브를 갖추면 6가지 중 어떤 상황에서든 우리만의 고유함을 무기로 큰 성공을 거둘 수 있다. 지금부터 실용적인 눈으로 상황을 하나하나 살펴보겠다.

CHAPTER 15

일을 나에게
맞추면
성과는 따라온다

✦

처음으로 입사 지원서를 넣었을 때 기분이 어땠는지 기억나는
가? 대부분의 사람에게는 두려움과 설렘이 똑같이 섞여 있기 마
련이다. 이제 성인의 길에 발끝을 내밀었다는 기분에 설렘을 느
꼈을 테고, 앞으로 어떤 일이 벌어질지 전혀 알 수 없었기에 두
려움도 느꼈을 것이다. 그리고 첫 번째 합격 통지를 받았을 때
비로소 인정받았다는 느낌이 들었을 것이다. 당신에게는 가치
를 제공할 능력이 있었고, 누군가 이를 알아보고는 기꺼이 대가
를 지불하겠다고 나섰던 셈이다.

첫 면접은 아마 만만치 않았을 것이다. 지원한 기업에서 어떤
인재를 원하는지 몰랐을 테니 말이다. 면접 잘 보는 법을 일려

주는 강의를 보면 하나같이 웃는 얼굴로 시선을 잘 마주치라고, 자신만의 특별한 질문을 준비하라고, 친절하고 따뜻하며 활발한 태도로 임하라고 말한다. 이런 이야기도 들었을 것이다.

"여러분은 수많은 지원자와 경쟁해야 합니다. 그러니 면접을 보는 동안 긍정적이고 낙관적인 모습을 유지해야 합니다."

다시 말해, 우리는 외향적인 사람처럼 행동해야 한다는 압박을 받아 왔던 걸지도 모른다. 여기서 문제가 되는 단어는 행동이다. 우리는 면접관이 원할 것이라 생각하는 모습에 부합하도록 행동하고 싶어 한다. 관리직에 지원하면 관리자가 어떻게 행동할지를 떠올려 본 뒤 그대로 행동할 테고, 영업직 면접을 볼 때면 영업 사원의 통상적인 이미지에 맞게 행동하려고 애쓴다. 해당 직무를 수행할 자질이 충분하다고 면접관에게 어필하는 것이다.

면접은 면접관이 지원자의 진짜 모습을 알 수 있도록 돕는 자리다. 자신이 아닌 사람처럼 행동하면 스스로를 잘못 표현하는 것이다. 어찌어찌 합격해 채용될 수도 있지만 면접 때의 모습과 실제 모습에 괴리가 크면 결국 일자리를 잃을 수도 있다.

물론 방향이 반대가 될 때도 있다. 실제 직무가 면접 과정에서 소개된 바와 다른 경우도 존재하기 때문이다. 이런 경우라면 환멸을 느낄 만하다. 얼마 지나지 않아 2가지 선택지뿐임을 깨달을 것이다. 회사를 떠나거나, 잘 해내려 노력하거나. 이런 균형 잡기는 앞으로 커리어 내내 계속될 것이다. 어떤 일이든 좋은 점과 나쁜 점을 모두 갖고 있다. 타고난 기질과 관계없이 모든 사람들에게 해당되는 이야기다. 문제는 자신이 무엇을 감당할 수 있을지 결정하는 것이다.

내향적인 사람에게는 새로운 직책에 따른 특수한 어려움이 있기 마련이다. 어쩌면 직장에서 내향적인 사람의 고유한 기여를 인정하지 않고 모든 사람이 외향적인 사람처럼 행동하기를 기대할 수도 있다. 다음의 상황은 기업의 어떤 직급에서든 예외가 없다. 당신이 커리어를 쌓는 내내 마주해야 할 현실이다.

▸ 회의 내내 자유롭게 토론이 이어지고 모두가 자신의 의견을 즉흥적으로 자주 내야 한다.
▸ 깊고 신중히 생각하는 태도는 일을 처리하는 데 시간이 더 걸린다는 이유로 가치 있게 평가되지 않는다.
▸ 선의를 가진 상사가 자신의 임무는 내향적인 부하 직원들을 더 적극적이고 외향적으로 만드는 것이라 믿는다. 그래야만 이들의 능력과 기여가 눈에 띌 수 있다고 생각하기 때문이다.

한 연구에 따르면 외향성이 뚜렷한 사람은 최고 경영진이 될 가능성이 25퍼센트 높다고 한다. 외향적인 능력으로 선발되기 때문이다. 그러나 내향적인 사람은 특유의 사고력과 감성 지능 그리고 통찰력과 아이디어 덕분에 지금까지도 꾸준히 일류 리더 자리에 오르고 있다.

커리어를 시작하고 관리하는 가장 좋은 방법은 정직함을 지키는 것이다. 당신이 어떤 사람인지에 대해 스스로는 물론이고 다른 사람에게 완전히 솔직해져야 한다. 그리고 당신만의 강점을 활용해야 한다. 자신이 아닌 다른 사람인 척하려고 하면 안 된다. 너무나 고생스러운 일이기도 하고, 앞으로 남은 기나긴 커리어 동안 그 이미지를 계속 유지해야만 하기 때문이다.

불편한 상황을
기회로 바꿔라

4학년 때의 일이다. 담임 선생님은 우리에게 학교 도서관에서 책을 한 권 골라 읽은 뒤 발표까지 준비해 보라고 했다. 2주 뒤에 우리는 반 친구들 앞에서 발표를 진행했다. 교실 앞에 나가 발표하는 건 내향적인 사람이 일반적으로 원하는 상황은 아니다. 그런데 당시 나는 그리 걱정되지 않았다. 준비할 시간이 충분했기 때문이다. 그때는 준비가 내게 자신감을 줄 마스터 무브인 줄 몰랐으나 그냥 그런 감이 왔던 게 분명하다.

하지만 9살의 내가 미처 익히지 못한 기술이 하나 있었다. 미루는 습관 극복하기였다. 책을 읽고 발표를 준비하는 데 몇 주가 주어졌기 때문에 해야 할 일을 매일 다음 날로 미루기만 했다. 결국 나는 과제를 까맣게 잊어버리고 말았다. 책은 학교 책상 서랍 어딘가에 박힌 채 내 관심에서 멀어져 갔다.

그렇게 월요일 아침이 찾아왔다. 도미니 선생님이 말했다.

"오늘은 여러분의 독후감 발표를 들어 볼게요. 이름의 알파벳 순으로 한 사람마다 3분씩 진행할게요."

내게는 2가지 선택지가 있었다. 바로 일어서서 숙제를 안 했다고 털어놓거나, 숙제를 마친 척 모두를 속여야 했다. 첫 번째 방법은 상상조차 할 수 없었기에 위험을 무릅쓰고 두 번째 방법을 택했다. 나는 재빨리 우리 반 친구들의 성을 떠올렸고 내가 세 번째 발표자라는 사실을 깨달았다. 즉 발표 때 무슨 말을 할지 구상하고 두려움을 극복하는 데 주어진 시간은 오직 6분뿐이었다.

책의 앞표지와 뒤표지에는 책의 내용과 결말을 제외한 줄거리가 적혀 있었다. 나는 표지에 요약된 내용을 얼른 읽고 요점을 머릿속에 정리했다. 그리고 이 책이 우리에게 어떻게 도움이 될지 고민하며 몇 가지 교훈을 떠올렸다.

내 차례가 됐다. 나는 교실 앞으로 나가 "해 본 적 있나요?"라는 말로 발표를 시작했다. 먼저 이야기의 맥락을 설명한 뒤 주인공을 소개하고 극적인 사건이 일어날 무대를 준비했다. 사실 그저 책 표지를 읽었을 뿐이다. 물론 시선을 너무 자주 옮기지 않으려 애썼다. 나는 발표의 마지막을 이렇게 장식했다.

"그래서 결론이 어떻게 되냐고요? 음, 이 발표를 스포일러로 만들 생각은 없어요. 하지만 정말 도움이 되는 교훈 몇 가지를 깨달았습니다."

반 전체가 발표를 마치는 데는 며칠이 걸렸다. 도미니 선생님이 말했다.

"모두 정말 수고 많았어요. 최고의 발표를 하나 꼽는다면 마이크의 발표일 거예요. 시간을 들여 준비하면 얼마나 좋은 결과를 얻을 수 있는지 잘 보여 줬어요."

물론 내가 가장 성실하고 정직한 순간은 아니었다. 그때의 내가 이 발표 수업 이후로 성실함과 정직함 측면에서 더 성장했기를 바랄 뿐이다. 당시에는 내향적이라는 게 무슨 뜻인지도 몰랐지만, 어쨌든 나는 내향적이었기에 다른 사람들 앞에서 즉흥적으로 뭔가를 말해야 할 때면 항상 두려움에 떨었다. 하지만 사전에 안내를 받고 준비할 기회가 주어지면 심지어 시간이 6분밖에 없더라도 여러 사람 앞에서도 언제나 편안하게 이야기할 수 있음을 알게 됐다.

이건 내가 가진 특수한 능력이었다. 몇십 년이 지난 지금도 이 능력에는 변함이 없다. 여러 사람 앞에서 말하는 건 언제나 당혹스럽지만, 단 몇 분만이라도 먼저 준비할 수 있다면 얼마든지 잘 해낼 수 있다.

우리는 모두 각기 다른 재능을 갖고 있다. 당신은 내향적인 사람으로서 불편한 상황에 처해도 다른 사람들에게 불편함을 들키지 않으려 어떻게든 대응하는 방법을 마련해 왔을 것이다. 워낙 오랫동안 그래 왔으므로 대응 기제라고 여길지도 모르겠다.

어쩌면 속임수로도 느껴질 것이다. 외향적인 사람에 비해 대화 기술이 부족하다고 생각하기 때문에 불편한 상황에 대응하는 방식이 마치 생존을 위해 애쓰는 듯 보일 수도 있다. 자세히 들여다보면 이런 대응 방식은 당신이 가진 소통의 재능이다. 그러나 당신은 이를 충분히 소중히 여기지 않고 있다.

아마 당신이 터득한 기술 중에는 대화가 불편해질 때 상대방이 모르는 새에 슬쩍 주제를 바꾸는 기술도 있을 것이다. 대화에 집중하고 자신의 이야기를 계속 할 줄 아는 사람이야말로 제대로 된 대화를 하는 사람이라고 생각할지도 모르겠다. 하지만 그런 생각은 외향적인 사람의 기준일 뿐이며, 대화의 흐름을 이끌 수 있는 타고난 능력을 폄훼하는 것과 같다. 순간적으로 대화의 방향을 바꾸는 능력은 내용보다 과정에 더 초점을 맞춘 강력한 능력이며 내향적인 사람이 능통한 영역이다.

회사가 새로운 사업에 착수하면서 당신의 업무에 어떤 영향이 있을지 불안해질 때가 올 수도 있다. 왠지 능력 밖의 업무나 프로젝트를 맡아야 할 듯한 느낌이 드는 것이다. 어떻게 대처하면 될까? 우선 타고난 강점과 가장 잘 맞는 역할을 찾아 자원해 볼 수 있다. 막후에서 전체적인 일을 조율하거나 새로운 프로젝트의 구조를 정리하는 일을 맡을 때 당신이 어떤 가치를 가져다줄 수 있을지 어필하라. 어쩌면 프로젝트가 순조롭게 진행되고 모든 담당자가 제때 결과를 내도록 최전선에서 노력하는 일을 맡아도 좋을 것이다.

이런 방법이 진짜 업무를 회피하는 것 같다고 느껴지는가? 이렇게 할 때 당신만의 영역을 구축해 최적의 환경에서 일할 수 있으며, 결국 그 누구도 가져다주지 못할 가치를 창출할 수 있음을 명심하라. 예상치 못한 상황이 닥쳐도 창의적인 방법을 모색해 적응할 수만 있다면 타고난 재능을 활용해 성공할 기회를 만들 수 있다. 당신이 잘하는 것과 못하는 것을 명확히 인지한 뒤 강점을 연마해 직장에 진정으로 기여할 수 있는 역량을 갖추기 바란다.

나만의 안전지대를
넓혀 나가라

　내향적인 성격 때문에 당신의 잠재력을 제대로 발휘하지 못하는 일이 없도록 하라. 예리하게 강점을 인지하고 이를 활용해 커리어의 토대를 다져야 한다. 강점은 상륙장이 아니라 발판이다. 강점을 활용해 깊이 몰입할 수 있고 직업적으로 보람도 느낄 수 있는 기회를 적극적으로 찾아 나서기 바란다.

　강점을 이해하고 잘 활용하기 위해서는 노력이 필요하다. 누군가는 자연스럽게 다른 사람들의 관심을 받겠지만 당신은 관찰력이 좋은 사람에 가깝다. 그러므로 당신은 더 깊이 있고 관련성 높은 질문을 던짐으로써 토론 자체를 창의적인 방향으로 이끌거나 사람들이 새로운 관점을 보게 도울 수 있다.

　생각을 더 명료하게 표현하는 데 필요한 역량을 키우는 것도 중요하다. 이를테면 이해하기 쉬운 구조를 만들고, 간결하게 표현하고, 흥미로우면서 적절한 예시를 더하는 능력 말이다. 명확한 의사소통을 위해 이런 능력을 갖추게 되면 의견을 말하는 능력 또한 좋아진다. 표현력이 좋아지는 만큼 동료들에게 당신의 귀중한 시각을 제공할 수 있는 것이다.

　다만, 당신에게 필요한 모든 기술을 한 번에 익히려고 하지는 말라. 안전지대를 벗어나는 일에는 언제나 불편함이 따르는 법이다. 너무 빠르게 멀리 움직이면 한여름에 물도 음식도 없고 휴대폰 신호조차 잡히지 않는 사막 가운데에서 헤매는 듯한 느낌이 들 수 있다. 한 걸음씩 차근차근 성장해 나간다면 안전지대는 항상 가까이에 있을 것이다. 익숙한 환경에서 천천히 탄탄하게 역량을 쌓자. 그럼 새로운 기술을 익힐 때마다 안전지대가 넓어질 것이다.

예를 들면 회의에서 발언하는 것이 안전지대를 벗어나는 일일 수도 있다. 정기적으로 잡혀 있는 회의라면 미리 안건 목록을 받아 보거나 회의에서 다룰 주제가 무엇인지 문의해 보는 게 좋다. 그다음 시간을 내 각 안건에 대해 깊게 생각해 보고, 시사하는 바가 많으면서도 다른 사람들은 하지 않을 법한 질문을 하나씩 떠올려 보라.

회의가 시작되면 기회를 엿보다가 적어도 질문 하나는 던질 수 있도록 하자. 정답을 알고 있지 않아도 좋다. 그저 다른 구성원들이 생각해 볼 수 있게 질문을 하는 것만으로 충분하다. 말을 꺼내기가 어렵다면 손을 들어 주의를 끌어 볼 수도 있다. 화상 회의에서도 누군가 눈치채고 "베키, 덧붙이고 싶은 말이 있나요?"라고 말해 줄 것이다. 이제 질문을 던질 때다.

"하나 고려해야 할 점이 있는 것 같아요. 고객이 이 변경 사항을 어떻게 받아들일까요?"

바로 그거다. 사람들은 당신의 의견을 기꺼이 들을 수 있다.

자주 시도하다 보면 점점 더 쉬워질 것이며 당신이 조직에 유용한 시각을 제공해 준다는 평판도 쌓일 것이다.

커리어의 어느 단계에 있든 적어도 한 분야에서는 성장하기 위해 부단히 노력해야 한다. 천천히 자신에게 투자하면 복리 효과가 당신에게 강력한 영향력을 선물할 것이다.

나만의 특별한
커리어를 만드는 법

지난 수년간 나는 여러 회사를 상대로 워크숍을 진행했고 참여한 직원만 수천 명에 달한다. "여기서 일한 지 얼마나 되셨나요?"라고 물어보면 30년 또는 40년이라는 대답이 돌아올 때도 많다. 그럼 나는 보통 "와, 대단하시네요! 그렇게 오래 일하신 거 보면 하시는 일을 정말 좋아하시는 모양이군요"라고 말한다. 가끔 동의하는 사람도 있지만 대개는 이렇게 말한다.

"아니요. 일은 일일 뿐이죠. 그래도 퇴직 수당이 좋으니 그거 하나 보고 일하고 있어요."

은퇴가 10년 이상 남은 경우에도 은퇴까지 남은 일수를 정확히 알고 있는 사람도 꽤 많다. 퇴직 연금 제도가 보편화되지 않아서 이제는 이런 이야기를 많이 듣지는 못한다. 하지만 나는 엄마나 많은 사람이 자신의 일을 즐기지 못하고 있을지 자주 고민해 왔다. 편안하게 생계를 유지하기 위해 은퇴할 때까지 그냥 일하는 것이다. 자신만의 업무 환경을 구축해 고유한 역량을 갖출 수 있는 방법을 찾지 못했다면 당신도 예외가 아니다. 온전히 나 자신이 되면 무엇을 할 수 있는지 깨달을 때 폭발적으로 가치를 창출하는 능력을 통해 에너지를 얻게 될 것이다.

최고의 '나'가 되는 법을 알고 나면 매일 아침 일어나 출근하고 싶을 정도로 잘 맞는 일을 찾아 장기적으로 커리어를 쌓을 수 있다. 커리어를 정할 때는 그저 돈이 아니라 얼마나 에너지를 얻을 수 있는지 고려해야 한다. 당신만이 가진 강점과 약점을 파악해 당신이 원하는 직무와 잘 맞는지 확인해 보라. 이미 경력이 어느 정도 쌓인 상태라면 현재 하는 일 또는 앞으로 새롭게 할지도 모르는 일을 같은 방식으로 평가해 보고, 일의 난이도가 지금의 열정과 전문성에 적합한 수준인지 판단하기 바란다.

"뿌린 대로 거둔다"라는 말을 들어 본 적이 있을 것이다. 직업이나 직장을 절대 바꾸지 못한다는 뜻은 아니다. 자신에게 얼마나 투자하느냐에 따라 직업이 얼마나 좋은지가 결정될 수 있다는 뜻이다. 정원에 꽃이 피지 않는다면 식물을 깡그리 교체하기보다 이미 심겨 있는 식물에 비료를 주는 게 더 쉬운 법이다.

커리어의 어느 단계에 있든 작은 영역에서의 성장에 집중해 당신의 커리어를 의미 있게 만들기 바란다. 다음의 실용적인 방법들을 고려해 보면 좋다.

▸ 한 주가 시작되기에 앞서 의식적으로 일정을 계획하라.

다른 사람들이 당신의 캘린더에 접근 가능하다면 재충전, 준비, 업무를 위한 시간을 미리 충분히 확보해 둬야 한다. 내가 먼저 일정을 관리하지 않으면 남의 우선순위에 따라 일정이 정해지고 만다.

▸ 자신만의 강점을 파악하고 활용하되 다른 사람의 강점과는 비교하지 말라.

온전히 자신이 돼야 한다. 예컨대 어떤 사람이 통화에 능숙하다면 당신은 이메일을 기막히게 작성하거나 간단하고 설득력 있는 발표 자료를 만들 수 있다.

▸ 휴식은 선택이 아닌 필수라는 사실을 깨닫고 생활 속에서 실천하라.

중요한 발표나 팀 미팅 또는 콘퍼런스가 있을 때마다 전후로 적절하게 휴식 시간을 계획해 두기 바란다. 일과를 마치고 동료들이 회식을 하자고 해도 사과 없이 거절할 줄 알아야 한다. "여러분을 모두 사랑하지만 저는 쉴 시간이 좀 필요해서요."

▸ 어떤 환경에서 에너지를 얻을 수 있는지 파악하고 그런 환경에 자주 노출되도록 하라.

집 안의 조용한 방, 이른 아침의 해변이나 공원, 점심시간에 짧게 쉴 수 있는 당신의 차 등이 그 환경이 될 수 있다.

▸ 당신의 사회적 욕구와 이를 둘러싼 구조를 분석하라.

누군가와 함께 커피를 마시는 경우, 언제까지 같이 있을 수 있는지 상대에게 미리 알리고 그 시간을 지키면 된다. 사교 행사에 참석하는 경우에는 그 자리에 있는 모든 사람과 어울릴 필요는 없다는 사실을 명심하자. 그저 한두 사람과 의미 있는 시간을 보내기만 해도 그 자리는 충분히 성공적이다.

▸ 강점을 창의적으로 활용하라.

이를테면 회의에서 주고받는 이야기를 들으며 메모하고 머릿속에서 문제를 해결해 보는 것이다. 회의가 끝나면 해결책을 충분히 검토하고 요약해 이해 관계자들에게 메일을 보내면 된다. 당신만의 고유한 능력을 통해 중요한 기여를 하는 것이다.

커리어 전반에 걸쳐 성공을 이어 가고 싶다면 온전히 자신이 돼야 한다. 자신의 진정한 강점이 무엇인지 파악하고 받아들여 이를 구현할 창의적인 방법을 찾아내기 바란다. 다른 사람과의 비교는 금물이다. 그들은 당신과 다르기 때문이다. 다른 사람에게 잘 보이려고 가식적인 태도를 취해서는 안 된다. 오히려 본모습을 그대로 보여 줄수록 깊은 인상을 남길 수 있다. 결국 인격과 역량이 조화를 이뤄야 한다. 온전히 나 자신이 되는 법을 깨달으면 앞으로의 커리어 내내 어떤 환경에서든 본연을 잃지 않고 성공할 수 있을 것이다.

CHAPTER 16

가식과 부담을
내려놓을 때
관계가 편해진다

✦

새로운 직장에 들어가는 건 다른 나라로 이주하는 것과 비슷하게 느껴질 수도 있다. 모르는 사람들에게 둘러싸인 새로운 환경에 놓여 새로운 문화를 접해야 한다. 어쩌면 그들과 사용하는 언어가 다를지도 모른다. 그들은 이미 서로를 잘 알고 있고 당신은 침입자가 된 기분이 들 수도 있다. 그들은 그들의 환경에서 어떻게 일해야 하는지 다 알고 있지만 당신은 이제 막 걸음마를 떼는 셈이다. 심지어 화장실과 복사기가 어디에 있는지, 필요한 게 있으면 누구에게 요청해야 하는지마저 그들에게는 너무 익숙하다.

아무래도 불편하다. 당신은 그들에게 낯선 사람이다. 당신은 모두가 당신을 평가하고 있다고 생각하며, 당신도 마찬가지로 모두를 평가한다. 애써 괜찮은 척하고 이 팀의 일원이 돼 얼마나 기쁜지 보여 주려 노력한다. 과거의 경험으로 미뤄 볼 때 이번에도 잘 해내리라는 사실을 알고는 있지만 여전히 적응하기는 요원해 보인다. 심지어 원격 근무 중이라면 이 모든 걸 직접 대면해서 하는 대신 비대면 기술을 통해서 해야 한다.

이쯤 되면 잠옷 차림으로 돌아가 소파에 웅크리고 앉아 치즈볼이나 먹고 싶다는 충동이 들 법하다. 그러나 일단 뭔가 행동에 옮기기 시작하면 이런 생각은 사라지기 마련이다. '문제를 파악하고 해결하라는 뜻에서 누군가 내게 급여를 주고 있다'는 사실을 깨닫는 순간 선택지는 앞으로 나아가는 것뿐이다.

하지만 현실은 이제 당신이 새로운 팀의 일원이 됐다는 것이다. 이 사람들과 절친이 될 필요까지는 없지만, 그들과 함께 일하는 방법을 깨달아야 이곳에서 성공할 수 있다. 이들과의 공통점에 집중하자. 어차피 모두 상사가 원하는 일을 하고 회사의 발전에 기여하기 위해 여기에 모인 것이다. 그 어떤 회사도 누군가에게 일자리를 주며 "당신이 돈이 필요하다는 걸 알고 있습니다. 그냥 출근만 하면 돈을 줄게요"라고 말하지 않는다. 회사가 당신을 고용한 이유는 당신이 회사의 성공에 도움이 되리라고 믿기 때문이다. 회사는 당신이 낼 성과가 가져다줄 수익이 당신에게 지불하는 급여보다 더 클 것이라고 베팅하는 셈이다.

일단 첫 번째 테스트, 즉 면접을 통과했다는 사실만으로도 충분히 고무적이고 에너지를 얻을 만하다. 당신에게 자질이 있다는 것을 누군가 확인한 것이기 때문이다. 당신은 이 새로운 모험을 시작했으며 이제 그동안 쌓아 온 지식과 경험 그리고 능력을 발휘해야 할 때다. 당신은 변화를 만들어 낼 수 있다. 그리고 그 덕분에 조직은 더욱 강력해질 것이다.

낯선 동료들에게
다가가는 법

새로 입사한 사람들이 자주 듣는 말이 있다.

"저희는 가족 같은 사이예요."

이런 말은 절대 믿지 말자. 그들은 가족이 아니며 그래서도 안 된다. 회사에서 만나는 사람들은 형제자매가 아니다. 멋대로 서로 옥신각신하고 주변을 어지르다 몸싸움을 하는 사이가 아니라는 뜻이다. 공동의 목표를 위해 협력해야 하는 동료들이므로 가족을 대할 때와는 다르게 처신해야 한다. 물론 이들과 많은 시간을 함께 보내야 하는 건 사실이다. 원활하고 즐거운 업무 프로세스를 만들기 위해서는 동료들과 적절한 관계를 구축해야 한다.

그들은 당신을 모르고 당신 역시 그들을 모른다. 새로운 동료들과 교류를 시작할 수 있는 적절한 방법은 무엇일까? 조직에 새로 합류한 사람은 흔히들 동료에게 깊은 인상을 남기기 위해 부단히 노력한다. 자신이 얼마나 뛰어나고 친절하며 협업에 능한지 보여 주려 애쓰는 것이다. 이를테면 업무 프로세스를 간소화하거나 더 효율적인 방식으로 함께 일할 수 있는 새로운 방법을 다방면으로 제안한다. 이런 접근법으로 자신의 가치를 증명하려 하면 역효과가 나는 경우도 많다.

기존의 구성원들은 감명을 받는 대신 이렇게 생각할지도 모른다.

'자기가 뭐라고 우리의 업무 방식을 바꾸려 드는 거야? 우리를 제대로 알지도 못하면서 우리의 방식이 별로라고 하네.'

한마디로 "넌 우리의 일원이 아니야"라고 말하는 셈이다.

새로운 동료들에게 깊은 인상을 심어 주려고 노력하기보다는 신뢰를 얻을 수 있는 방법을 찾는 게 더 나은 접근법이다. 간단한 방법 하나는 기존 구성원에게 업무를 어떻게 수행하는지 물어보는 것이다. 함께 일하면서 그들에게 배워야 한다. 이런 질문도 좋다.

"이 일을 오랫동안 해 오셨군요. 이 프로세스는 어떻게 진행하셨나요?"

동료들의 전문성을 인정하면 그들과 좋은 관계를 만들어 갈 수 있다. 깊은 인상을 남기려 애쓰는 것과는 거리가 멀기 때문이다.

업무 프로세스를 잘 익히고 팀의 일원으로서 한동안 업무를 수행하고 나면 이제 프로세스를 간소화하기 위한 새로운 제안을 던져 볼 수 있다. 이미 신뢰를 쌓아 엄연히 팀의 일원이 됐기 때문에 동료들도 당신의 의견을 다르게 받아들일 것이다.

이런 접근법은 내향적인 사람이라면 아주 자연스럽다. 내향적인 사람은 가식적인 태도를 취하지 않는다. 우리는 주변 사람들에게 도움을 주려고 하지, 이들에게 우리를 좋아하도록 강요하지 않는다. 다른 사람들이 더 훌륭하고 강한 사람이 되도록 돕는 것을 목표로 삼으라.

동료 중에는 외향적인 사람도 있고 내향적인 사람도 있을 것이다. 그중 어느 쪽이든 동료를 1명의 사람으로 보고 일대일로 알아 간다면 좋은 관계를 구축할 수 있다. 무리 전체와 관계를 만드는 게 아니라 각 개인과 고유하고 개인적인 관계를 만들자. 이는 2가지 마스터 무브, 즉 '신뢰 쌓기'와 '감성 지능 키우기'를 실천하는 것과 같다.

당신의 역량과 인격을 앞세우라. 역량은 곧 업무를 잘 수행할 수 있다는 뜻이며 결국 당신의 신뢰도를 높여 준다. 인격은 신뢰를 쌓고자 할 때 그 모습이 드러나는데, 다른 사람을 돕겠다는 마음가짐을 갖고 있어야만 가능한 일이다.

외향적인 동료와
협업하는 법

일단 신뢰를 쌓고 나면 보다 효과적으로 협업할 수 있는 방법을 모색해야 한다. 내향성이 대화의 자연스러운 일부분이 되도록 만들 수 있도록 말이다. 외향적인 팀원과 관계를 구축하고 싶다고 가정해 보자. 먼저 그 팀원과 일대일로 대화할 기회를 포착하기 바란다. 그다음 질문을 통해 그의 배경과 관심사 그리고 어떻게 할 때 가장 일이 잘되는지 알아보라. 그가 가진 특유의 요구 사항은 무엇인지, 그가 회사에서 인정받는 이유는 무엇인지도 파악하자. 그리고 그를 돕기 위해 무엇이든 할 수 있으니 이런 정보가 귀중하다는 사실을 그에게 인지시키자.

외향적인 사람들은 대화 중에 상대방이 뭔가를 지나치게 상세히 요구하거나 설명하면 인내심이 부족해지곤 한다. 그래서 이런 식으로 말하는 것이다.

"전후 사정을 다 알 필요는 없어요. 그냥 원하는 걸 바로 말해주세요. 그다음에 제가 질문하면 되니까요."

그럼 당신은 이렇게 대답하면 된다.

"아주 좋아요. 저는 업무 스타일이 달라요. 세세한 부분에 집중하는 편이거든요. 그럼 제가 어떤 문제에 대해 설명할 때는 먼저 요점을 정리하고 간결하게 설명해 당신이 기본적인 개념부터 파악할 수 있게 할게요. 당신이 질문하면 더 상세하게 설명해 주고요. 이러면 되겠죠?"

앞선 대화를 통해 외향적인 동료는 그가 가장 좋아하는 방식을 당신에게 알려 주고, 당신 역시 당신에게 최적의 방식이 무엇인지 동료에게 간단히 알려 줄 수 있다.

"회의에 참석하거나 대화를 나눌 때 저는 사람들이 이야기한 걸 머릿속에서 정리하는 데 시간이 오래 걸리는 편이에요. 완전히 정리를 마치고 나서야 제 생각을 공유하죠. 그래서 회의 중에 말을 많이 하지는 않지만 시간이 지나면 해결책이나 아이디어를 신중히 구상해서 돌아올 수 있어요. 그리고 저는 사람들이 저를 방해하지 않을 때 일을 제일 잘할 수 있어요. 그럴 때면 완전히 다른 관점을 제시하거나 그 누구도 생각지 못한 질문을 던질 수도 있죠."

다음부터는 회의 때 외향적인 사람이 갑작스레 당신에게 의견을 제시해 달라고 요청하는 일은 없을 것이다. 그리고 당신을 주도적이지 않은 사람이라 여기고 무시하는 일 역시 없을 것이다. 그들은 당신이 이미 가치 있는 의견을 가졌다는 사실을 잘 알고 있으며, 심지어 당신이 충분히 숙고한 후에 도움이 될 만한 내용을 공유할 예정이라고 사람들 앞에서 언급할지도 모른다. 혹은 당신을 불러 이렇게 물어볼 수도 있다.

"오늘 이야기 나눈 사항들을 신중한 관점에서 바라보고 계신다는 걸 잘 알고 있습니다. 혹시 저희가 놓치고 있는 건 없나요? 아니면 저희가 논의한 내용에서 위험 신호는 없나요?"

이런 접근법은 남을 속이는 게 아니다. 내향적인 사람이 각 개인의 특성을 탐구함으로써 다른 사람을 알아 가는 정직한 방법이자 당신만의 고유한 업무 방식을 공유할 수 있는 방법이다.

상대에게 가치를 증명하는 법

인격과 역량은 리더의 존중을 받는 데도 필수적인 요소다. 당신이 상사에게 먼저 점심을 같이 먹자고 말하는 일은 아마 없을 것이다. 비슷한 직급의 동료들에게 하듯 상사와 소통하는 일도 없을 것이다. 그들은 당신을 고용했으며 이제는 그들의 선택이 틀리지 않았는지 확인하고 싶어 한다.

그들은 무엇을 보고 있는 걸까? 당신이 회사에서 기대하는 직무를 어떻게 잘 수행할지 파악해 팀에 플러스 요인이 되고 있다고 해 보자. 만약 몇몇 분야에서 주도권을 잡고 리더들의 기대치를 뛰어넘는다면 팀 내에서 확실하게 돋보일 수 있다. 성과를 쌓으면 신뢰도 쌓인다. 신뢰가 쌓이면 뭔가 특별한 요구 사항이 생겼을 때 이를 얼마든지 이야기해 볼 수 있다.

리더와 일대일 미팅을 하거나 성과 리뷰를 하게 되면 "회의 때 더 적극적으로 참여해 주세요"라거나 "아이디어를 더 많이 제공해 주세요"라는 이야기를 들을 수도 있다. 이는 리더가 외향적인 사고방식을 갖고 있다는 뜻으로, 리더가 기대하는 맥락 안에서 당신만의 고유한 가치를 이해시킬 수 있는 좋은 기회다.

일단 리더의 조언을 주의 깊게 듣고 그가 이야기한 영역에서 더 많은 스킬을 익힐 의향이 있음을 알리기 바란다. 내향적인 사람 특유의 요구 사항을 가르치려 들면 안 된다. 보다 세심하게 접근해 당신에게 진정한 참여란 조금 다르다는 것을 실용적인 아이디어와 해결책을 통해 보여 주면 된다.

우리가 배운 첫 번째 마스터 무브는 외향인의 언어로 말하는 법이었다. 위와 같은 방식은 외향적인 리더가 내향인의 언어를 배울 수 있도록 자연스럽게 이끌 기회가 될 수도 있다. 당신이 배운 외향적인 사람들의 단어와 말하기 패턴 몇 가지를 두고 리더와 이야기를 나누며 의견을 구해 보라. 내향적인 사람이 같은 이야기를 어떻게 다르게 하는지 예를 들어 설명해 보는 것도 좋다. 리더 또한 이중 언어를 구사하도록 돕는 것이다.

회의가 진행되는 동안 아이디어를 제시하는 건 당신에게 쉬운 일이 아님을 리더가 알게 하라. 회의 중에 나온 아이디어를 듣고 머릿속에서 정리해 창의적인 관점과 해결책을 고안하는 게 당신이 조직에 최고로 기여할 수 있는 일이다. 특히 우리는 회의 중에 간과되는 사항을 캐치하는 데 능하다. 그러므로 새로운 아이디어를 공유하기보다 날카로운 질문을 던짐으로써 리더의 피드백처럼 더 적극적으로 참여할 수 있다. 회의하는 동안 최대한 조용히 있게 해 달라고, 대신 회의가 끝날 무렵에는 이렇게 질문해 주면 된다고 리더에게 이야기해 보라.

"혹시 저희가 놓치고 있는 건 없나요? 미처 생각하지 못한 게 혹시 있을까요?"

이런 방식으로 리더에게 당신의 가치를 증명할 수 있다. 내향적인 팀원은 풍부한 지식과 관점을 갖췄고, 다른 구성원 모두를 도울 수 있으며, 어떤 논의에서든 완전히 새로운 차원의 창조성과 깊이를 제공할 수 있다고 리더에게 상기시키는 것이다.

리더가 신경 써야 할 만한 문제가 발생했을 때는 불평만 늘어놓는 건 곤란하다. 당신의 관찰력과 분석력을 발휘해 무슨 일이 일어나고 있는지 그리고 이로 인해 생산성, 구성원의 사기, 여타 문제에 어떤 악영향이 발생하고 있는지 명확하게 파악해야 한다. 그런 다음 해결책과 이를 실현하는 데 필요한 사항들을 함께 제시하라.

리더가 당신의 해결책을 전부 받아들이지는 않을 수도 있다. 그러나 당신은 충분히 선제적인 태도로 문제를 깊이 파악하고 해결책을 제시해 냈다. 나아가 주도적으로 나서는 게 적절하다고 판단된다면 당신의 리드 하에 해결책을 구현하겠거니 리드와 함께 새로운 방안을 고안해 보겠다고 제안하는 것도 좋다.

이게 바로 직원 1명이 가치를 창출한다는 것이다. 리더는 당신에게 투자한 것에 비해 훨씬 큰 가치를 얻기 바라며 위험을 무릅쓰고 당신을 고용했다. 많은 사람이 일을 잘하려고 노력하지만, 그중에서도 내향적인 사람은 특히 다른 사람들이 존재조차 모르는 가치를 더하기 위해 더 깊은 우물에서 물을 길어 올린다. 그렇게 신중히 만들어 낸 해결책을 제시할 때마다 당신은 고유한 가치를 더해 주는 사람으로 평판을 쌓아 나갈 수 있다.

실천하기 쉬운 관계의 기술

관계 구축은 어려운 일이 아니다. 상대방이 나를 신경 쓰도록 만들지 않고 진정으로 상대방을 중요하게 여기면 된다. 관계를 만들기 위해 할 수 있는 대부분의 방법은 상식에 가깝지만, 상식이라고 해서 반드시 습관적으로 실천되는 법은 없다. 다른 사람들과 편안하게 관계를 만들어 갈 수 있는 방법 몇 가지를 여기에 소개하겠다.

▸ 자신이 아닌 다른 사람인 척하지 말라.

본모습을 그대로 보여라.

▸ 먼저 나서서 다가가라.

내향적인 사람는 상대방이 어떻게 반응할지 확신하지 못해 대화를 시작하지 않고 피하는 경우가 많다. 하지만 누구나 같은 감정을 느끼며 다른 사람이 먼저 어색함을 깨 주기를 기다린다. 당신이 먼저 인사를 건넨다면 이는 곧 당신이 관계에 시동을 걸었다는 뜻이다.

▶ 개방형 질문을 하라.

사람은 누구나 자신에 대해 이야기하기를 좋아하며, 누군가 자신에게 진심으로 관심을 보이면 진심으로 반응한다. 당신의 질문에 상대방 역시 같은 질문을 던져 반응할 테니 답변을 미리 생각해 두기 바란다.

▶ 소셜 미디어에서 동료를 팔로우하라.

동료의 게시물 중에 관심을 끄는 것이 있다면 직접 댓글을 달아 보자. 강아지 사진이 좋은 예이며 정치적 견해는 금물이다.

▶ 눈을 마주치라.

눈 맞춤은 진정한 관계를 맺는 가장 빠른 방법이다. 내향적인 사람에게는 그리 어려운 일이 아니다. 혹자는 눈 맞춤을 두고 "감정적인 악수"라고 일컫기도 했다. 팬데믹 동안에는 감정적인 주먹 인사가 적절했겠다

▸ 도움을 요청하라.

조언이나 도움을 구하는 건 상대의 전문성을 인정하고 의견을 존중하는 것과 같다. 간단한 부탁만으로도 상대방을 인정한다는 신호를 보낼 수 있다.

▸ 미소를 지으라.

미소를 지으면 사람들이 당신을 더 친근하게 여길 수 있다. 과장되고 인위적인 미소를 지을 필요는 없다. 상대방이 누구든 만나서 기쁘다는 것을 얼굴에 드러내면 된다.

▸ 자세를 바르게 하라.

진부하게 들리겠지만 좋은 자세는 자신감을 뿜어낸다. 그리고 자신감을 보일 때 사람들은 당신과 함께하고 싶어 한다. 자신감을 거짓으로 드러내서는 안 된다. 먼저 실제로 자신감을 키우고 난 다음 좋은 자세를 통해 자신감을 드러낼 수 있게 하라.

▸ 사교 행사에 참석하되 목표를 재정립하라.

미팅이나 콘퍼런스에 참석할 때 현장에 있는 모든 사람과 이야기를 나눌 필요는 없다. 두세 번의 유익한 대화 나누기를 목표로 삼아 보라. 원래 알고 지내던 사람과 한 번 그리고 처음 보는 사람과 최소한 한 번 대화를 해 보자. 모든 사람과 스몰 토크를 하기보다는 몇몇 사람과 공통점을 찾고 편안하게 이야기를 나누면 된다. 그런 다음에는 재충전할 수 있도록 일찍 자리에서 벗어나라.

직장에서 좋은 관계를 만들어 가고 싶다면 '사교적 내향인'이 되는 게 좋다. 내향적인 사람의 고유한 강점과 인격을 모두 유지하고, 온전히 나 자신의 모습으로 안전지대 안에서 활동하라는 뜻이다. 이렇게 하면서 관계 구축을 위한 간단한 실천법을 익히는 건 그리 어렵지 않다. 매일 약간의 교류를 이어 가기만 하면 된다. 이를테면 업무 중에 잠시 휴식을 취하면서 동료의 자리에 들러 이렇게 말하는 것이다.

"잠깐 쉬러 왔어요. 요즘 좀 어때요?"

어떤 대답이 돌아오는지 살핀 뒤 다음날 또 이어서 대화를 나눠 보자.

내향적인 사람에 대한 오래된 패러다임 하나가 있다. 직장에서 성공하기 위해 사람들에게 관심을 보이는 척하는 건 정직하지 못하다는 것이다. 이제 패러다임을 바꿀 때가 됐다. 앞서 이야기한 간단한 실천법을 통해 관계를 쌓는 기술을 익히고 성장하면 완벽히 정직한 사람이 될 수 있다. 당신은 최고의 '나' 그대로 살아갈 수 있다!

CHAPTER 17

스포트라이트에
한 걸음
다가갈 때다

✦

투명은 내향적인 사람이 가장 좋아하는 색깔이다.

내향적인 사람은 각기 다르기 때문에 모두에게 동일하게 적용되는 가정을 하기란 어렵다. 하지만 일반적으로 내향적인 사람은 뒤쪽으로 움직이는 반면 외향적인 사람은 앞쪽으로 움직이는 경향이 있다. 내향적인 사람은 가장자리를 선호하는 반면 외향적인 사람은 가운데로 향한다. 내향적인 사람은 집에 머무르기를 바라는 반면 외향적인 사람은 외출하고 싶어 한다. 내향적인 사람은 머릿속에 생각을 담아 두기를 선호하지만 외향적인 사람은 생각을 표출하기를 좋아한다.

기본적인 관성에서 벗어나려면 노력이 필요하다. 내향적인 사람은 일반적으로 자신을 홍보하는 데 익숙하지 않기 때문에 이 관성을 극복하고 눈에 띄기 위해서는 의식적인 선택이 필요하다. 외향적인 사람은 사교적으로 행동하고 다른 사람의 눈에 띄는 데 익숙하며, 한발 물러서서 다른 사람이 주목받도록 해야 할 때는 의식적인 선택이 필요하다. 내향적인 사람들은 배경 화면으로 사라지는 경우가 많다. 어려운 업무를 수행하고 창의적이고 전략적으로 막대한 기여를 하고 있지만, 그 누구의 레이더에도 포착되지 않는 것이다. 사람들이 우리를 알아볼 수는 있겠으나 가장 먼저 떠올리지는 못한다.

성공하고 싶다면 변화해야 한다. 다른 사람의 눈에 띄면 유리해지지만 그렇지 않으면 크게 불리해진다. 아무리 일을 잘해도 음지에서 일하고 있다면 사람들은 당신을 알아볼 수 없다. 그렇다면 내향적인 사람은 어떻게 해야 외향적인 척하지 않고서도 사람들에게 눈에 띄고 잘 알려지고 언급될 수 있을까?

새로운 물이 드나들 틈을 만들라

12살 때 단핵구증에 걸려 6주 동안 학교에 가지 못하고 집에 머물러야 했던 적이 있다. 부모님은 일주일에 두어 번 선생님에게 숙제를 받아서 집에 가져와 내가 숙제를 할 수 있도록 도왔다. 그 6주 동안 나는 다시 오지 않을 인생 최고의 학교생활을 했다. 누구의 방해도 받지 않고 내 페이스대로 공부할 수 있었고, 이전까지 학교에서 배운 걸 통틀어도 아마 그 기간 동안 배운 것에는 비할 바가 아니었을 것이다. 나는 공부를 잘 해내고 있었지만 모두의 레이더망에서 벗어난 상태였다. 학교로 돌아가 더 이상 혼자가 아니게 되자 너무나 힘겨웠다.

그렇게 혼자 있으면 아마 기분이 좋을 것이다. 잠시 동안은 별 문제 없을 테며, 심지어 내향적인 사람에게는 퍽 쉬운 일이기도 하다. 하지만 안타깝게도 직장에서는 이런 방식이 통하지 않는다. 100퍼센트 내향적인 것은 괜찮지만 100퍼센트 혼자서 일하는 것은 바람직하지 않다. 내향적인 사람도 다른 사람이 필요하다. 특히 누군가의 눈에 띄고 싶을 때는 더욱 그러하다.

원격 근무는 내향적인 사람에게는 시험대와 같다. 원격 근무는 언뜻 이상적으로 보인다. 사무실에서와 달리 별다른 사회적 상호 작용 없이 그저 일만 하면 되기 때문이다. 하지만 시간이 지나면 혼자 일하는 데 익숙해져 지나치게 내향적으로 변하거나 에너지를 잃기 쉽다. 우리에게 익숙한 내향적인 생활에 안주하다 고요한 생활 방식에 갇힐지도 모른다. 내향적인 사람도 모두 어느 정도의 상호 작용을 통해 에너지를 유지하고 교류를 이어 가야 한다.

　　　내향인만의 무기

결국 적절한 균형을 찾는 게 중요하다. 지나친 고립감은 극복하기 어려운 법이다. 사무실로 돌아가려면 관성을 극복하기 위해 의식적으로 노력해야 한다. 시작점은 '다른 사람과 함께 일해야 한다'는 사고방식에서 '다른 사람과 함께 일하러 간다'는 사고방식으로 전환하는 것이다. 즉 개인적으로나 업무적으로나 자극이 적은 환경에서 일하는 것의 가치를 인지하는 동시에 교류의 가치 역시 인정하는 것이다.

최근 한 연구에서는 어떻게 하면 대면 업무로 성공적으로 전환할 수 있을지 치료사들에게 물었다.

▶ 미리 질문하고 계획을 세우라. 그럼 뇌를 진정시킬 수 있다.
▶ 미리 사무실을 방문해 그동안 어떤 변화가 있었는지 파악하라. 예컨대 책상의 위치가 바뀌었다거나, 새로운 기술이 사용되고 있을지 모른다.
▶ 사소해 보이는 것도 그냥 넘어가지 말라. 집에서 신발을 신지 않는다면 사무실에서도 그래도 되는지 문의해 보라. 반려동물이 보고 싶으면 홈 카메라를 설치하면 된다.
▶ 집에서의 루틴이 깨져 슬프겠지만, 이제 사무실로 복귀함으로써 얻을 수 있는 것에 집중하라. 대면 업무의 장점을 정리해 보고 이를 성장하기 위한 기회로 삼자.

중요한 건 자기 대화를 점검하는 것이다. 다른 사람들과 교류하기란 아주 큰일처럼 느껴질 수 있다. 모두들 에너지가 넘쳐 나서 지치지도 않고 서로 교류하는데, 나만 재충전을 위해 휴식이 필요한 것처럼 보일 수도 있다. 우리가 다른 사람과 교류하는 목적은 우리가 하는 일을 알리는 것뿐만 아니라 그 자체로 우리 자신을 위해서기도 하다.

혼자만의 시간을 일정에 추가함으로써 당신의 에너지 탱크를 반드시 재충전하라. 동시에 몇몇 중요한 관계에는 시간을 할애해 다른 사람들의 탱크도 채워 줘야 한다. 안 그러면 사해가 될지도 모른다. 물이 흘러들기만 하고 결코 나가지 않으면 아무것도 살지 못한다.

자신이 가진
역량에 집중하라

당신이 속한 팀이 정기적으로 회의를 한다고 가정해 보자. 대면 회의든 화상 회의든 모든 구성원은 각자에게 가장 편한 방식으로 회의에 참석하려 할 것이다. 팀이 어떻게 일하는지는 구성원들의 기질에 따라 결정되는데, 일반적으로 외향적인 사람이 주도권을 쥐는 반면 내향적인 사람은 의견을 전달하려면 보다 의식적으로 노력해야 한다.

이런 경향을 바꾸는 하나의 방법은 자신의 안전지대에서 벗어나 평소와 다르게 행동해 보는 것이다. 내향적인 사람에게는 그리 어려운 일이 아니다. 마스터 무브를 활용해 팀이 일하는 방식에도 영향을 줄 수 있기 때문이다.

▸ 당신만의 방식으로 소통하라. 이건 당신의 막강한 힘이다.

▸ 할 말이 떠오르지 않을 때면 질문하라. 이렇게 하면 의견을 말함과 동시에 논의를 주도할 수도 있다.

▸ 의견을 제시할 때는 간결하게 하라. 단 몇 단어만으로 많은 것을 말하는 사람이 돼라.

▸ 외향적인 사람을 두려워 말고 그들의 동반자가 돼라.

▸ 외향적인 사람들이 당신의 기회를 뺏기 위해 발언한다고 생각하지 말라. 그들은 그저 생각을 공유할 뿐이며 당신을 딱히 신경 쓰고 있지도 않을 것이다.

▸ 팀 구성원들과 일대일로 교류해 진정한 관계를 형성하라. 여럿이 회의를 할 때는 드러나지 않는 당신의 성취와 경험을 모두 살펴볼 기회다.

▸ 중요한 업무를 수행하라. 당신이 한 일을 사람들에게 알리되 너무 자랑하지는 말라.

다른 말로 하자면 온전히 집중하라는 이야기다. 팀으로 일할 때는 업무의 메커니즘에만 집중해서는 안 된다. 구성원 하나하나의 고유함에 집중해 이를 받아들이고 활용하자. 내향적인 사람에게는 특히나 쉬운 일이다. 이렇게 하면 팀 내에서 완전히 새로운 차원의 영향력을 발휘할 수 있다.

내향적인 사람은 업무적인 사항은 잘 공유하지만 일상생활 이야기는 쉽게 하지 않는 경우가 많다. 그렇게 하면 상처받을 일이 줄어들지도 모르겠으나 진정한 관계를 형성할 수 있는 최고의 도구를 빼앗기는 셈이다. 사무실 밖에서 당신이 어떤 사람이고 어떤 일상을 보내는지 다른 사람도 알게 하자.

언제나 다른 사람의 기대치보다는 자신의 강점을 바탕으로 일하라. 단지 성과를 낸다고 타인의 눈에 띌 수 있는 게 아니다. 온전히 자신이 돼 고유한 능력을 활용하는 과정을 거쳐야 한다. 우리는 갖고 있지도 않은 능력에 초점을 맞추고 그 능력이 없다고 아쉬워하는 경향이 있다. 그러지 말고 자신이 갖고 있는 역량에 집중하자. 우리는 강점을 활용할 때 비로소 가장 강력한 힘을 발휘할 수 있다.

예컨대 내향적인 사람이 자신의 생각을 표현하려면 말보다는 글이 더 효과적일 때가 많다. 말과 글 모두 좋지만, 알맞은 시점에 이메일을 보내거나 적절한 문장을 작성해 자신의 생각을 글로 표현할 수 있는 방법을 잘 익혀 두기 바란다. 회사에서 운영

하는 뉴스레터나 블로그가 있다면 다음 호에 글을 남기고 싶다고 자원해 보라. 타고난 재능을 이용해 즉시 눈에 띌 수 있는, 심지어 다른 팀 사람들에게도 이름을 알릴 수 있는 아주 간단한 방법이다.

나는 수년 동안 대형 제약 회사의 한 부서를 대상으로 세미나를 진행한 바 있다. 그 부서의 구성원 대부분은 내가 진행하는 여러 세션에 참석했고 시간이 지나면서 나를 알게 됐다. 나는 부서 책임자에게 회사 차원에서 뉴스레터를 발간하는지, 그렇다면 담당 편집자의 이름을 알 수 있는지 문의했다.

편집자를 만나 직장에서의 실질적인 생산성을 주제로 해 짧은 월간 칼럼을 기고하고 싶다고 제안했다. 편집자는 흔쾌히 동의했고 나는 이후 몇 년 동안 칼럼을 쓸 수 있었다. 그 결과 회사 전체에 내 이름이 알려져 여러 행사에서 강연 요청을 받았음은 물론이고 다른 부서로부터 세미나를 열어 달라는 요청도 꾸준히 받게 됐다.

나는 간편한 방법으로 내 강점을 살리면서도 회사 내에서 인지도를 크게 높였다. 매달 네 단락 정도 분량의 글을 작성함으로써 회사가 가장 먼저 찾는 전문가가 돼 있었다. 글 한 편을 쓰는 데는 15분 정도밖에 걸리지 않았다. 자신의 강점을 발휘하며 일한다는 것은 엄청나게 가치가 크다. 굳이 말을 더 많이 하지 않고도 존재감을 키울 수 있는 신선한 접근법을 찾기 위해 언제나 노력하기 바란다.

회의에서 배경으로
남지 않는 법

지금까지 논의한 모든 내용은 비대면 환경에도 그대로 적용된다. 파트타임이든 풀타임이든 재택근무를 하게 되면 근본적인 어려움을 겪을 수밖에 없다. 애초에 회의에서 의견을 내는 것 자체가 쉽지 않은데, 여기에 다른 사람들과 함께 화면에 얼굴을 보여야 한다는 불편함까지 추가된 셈이다.

화상 회의를 하다 보면 특정 구성원들이 논의를 주도하며 대화를 이어 가는 동안 다른 사람들은 어떻게 말을 꺼내야 할지 몰라 침묵을 지키는 것처럼 느껴질 때가 많다. 비대면 환경 속 존재감은 사람들이 화면에서 나를 볼 수 있다고 해서 생기는 게 아니다. 물론 대면 회의보다 의식적인 노력을 더 많이 해야 하지만 별로 어렵지 않은 일이다. 약간의 준비만으로도 드러내기가 가능하다.

나는 대부분의 화상 회의에서 항상 듣는 사람이자 관찰하는 사람 역할을 했다. 내가 가장 좋아하는 역할들이었다. 덕분에

내향인만의 무기

나는 말하지 않고도 회의를 마칠 수 있었지만 동시에 배경 화면의 일부로 남을 수밖에 없었다. 결국 화상 회의에서도 의견을 말하는 사람이 더 유능하게 인식되고 영향력을 발휘할 수도 있다는 사실을 깨달았다. 나도 내 의견을 개진해야만 했다. 내게 가장 도움이 된 방법은 다음과 같다.

▶ 사고방식을 바꿨다.

보통 어떤 이야기를 꺼내려 할 때면 다른 사람들이 나를 바라보는 시선을 바꾸기 위해 이야기를 해야 한다고 느끼곤 했다. 나는 회의에서 뭔가 의견을 냈을 때 사람들이 어떻게 반응할지 궁금했다. '저들이 나를 어떻게 생각할까?', '이 의견 꺼내도 되는 건가?', '다 망쳐 버리면 어떡하지?'와 같은 생각은 모두 나에 관한 생각이었다. 그래서 나는 단순히 눈에 띄기 위해서가 아니라 가치 있는 의견을 내기 위해 말을 하려 노력했다. 이 간단한 사고방식의 변화로 말미암아 나는 다른 사람들이 필요로 하고 기억할 만한 말을 해야겠다고 생각했다.

▶ 말의 양이 아니라 질에 집중했다.

내가 깨달은 건 눈에 띄고 싶다고 해서 회의 내내 끊임없이 이야기할 필요는 없다는 사실이었다. 그저 대화를 머릿속으로만 따라가도 언제든 명확한 질문이나 새로운 관점을 떠올릴 수 있었기 때문이다. 회의 때마다 한 번의 발언만으로도 사람들의 레이더에 포착될 수 있었다.

▶ 미리 안건을 알아봤다.

안건이 서면으로 적혀 있지 않더라도 리더에게 연락해 회의에서 다룰 내용에 대해 미리 아이디어를 떠올려 보려고 했다. 이렇게 미리 생각을 정리하면 적어도 한 영역에서는 집중적으로 가치를 더할 수 있었다.

▶ 채팅 창에 의견을 남겼다.

가끔은 하고 싶은 말이 있어도 대규모 화상 회의에서 말로 꺼내기 어색할 때가 있었다. 이럴 때 채팅 창에 간결하게 의견을 남기면 리더가 이를 알아채고 내게 구두로 의견을 요청하곤 했다. 그럼 나는 미리 준비한 설명을 간단히 더했다. 채팅 창에 다른 사람이 의견을 남겼을 때는 답글을 남기지 않아야겠다고 생각했다. "좋은 생각이군요"나 "동의해요" 같은 답글 말이다. 논의에 가치를 더할 수 있는 이야기만 채팅 창에 남겨야 한다.

▶ 먼저 적극적으로 나섰다.

나는 원래 좋은 아이디어가 떠올랐을 때 적당한 기회가 올 때까지 기다리는 편이었다. 물론 결과는 그런 기회가 오지 않거나 다른 사람이 먼저 같은 아이디어를 공유하거나 둘 중 하나였다. 먼저 나서서 의견을 제시하면 비록 내가 낸 의견이 그 하나뿐이더라도 적극적인 참여자로 인식된다는 사실을 깨달았다. 회의 초반에 들은 내용이 더 기억에 남기 때문에 회의 후에도 사람들은 종종 내 의견을 언급하곤 했다.

▶ 질문을 던졌다.

새로운 아이디어를 떠올리는 것보다 날카로운 질문을 던지는 게 더 쉽다.

"지금까지 (항목)에 대해 이야기를 나눴는데요. 한번 이런 관점에서 생각해 보면 어떨까요?"

질문은 추가적인 논의로 이어질 수 있지만 단순한 의견은 도외시되기 마련이다.

▶ 다들 말하기 주저하는 이야기를 꺼냈다.

내가 논의의 방향에 우려를 표할 때면 항상 같은 생각을 하고 있는 사람들이 있었다. 내가 먼저 조심스럽게 이야기를 꺼냈을 때 다른 사람들의 관점을 더할 수 있는 문이 열리곤 했다.

올바른 관점을 가질 수 있다면 내향적인 사람들도 본래 모습을 버리지 않고 화상 회의를 훌륭한 기회로 활용할 수 있다.

잠깐의 두려움을 이기면
더 넓은 세상이 펼쳐진다

"꼭 네트워킹을 해야 하나요? 아니었으면 좋겠는데요."

내향적인 사람이 대개 상상하는 네트워킹은 피라냐가 가득한 연못에서 헤엄치는 모습과 같다. 산 채로 잡아먹힐 확률이 높은데 왜 굳이 그렇게 하겠는가?

하지만 네트워킹을 재정의해 보면 커리어 및 사회 생활에서 개인적 만족도와 인지도를 모두 높일 수 있는 소중한 일임을 알 수 있다. 네트워킹의 목적은 모르는 사람들을 만나 서로에게 괜찮은 인상을 남기고 명함을 주고받는 데 있지 않다. 네트워킹의 목적은 좋은 사람을 적절한 방식으로 만나 다른 사람들을 돕고 리소스를 공유하며 향후 파트너가 될 수 있는 관계를 구축하는 것이다. 명함을 수집하는 건 아무 의미가 없으며, 우리의 영향력을 넓히는 데서 커다란 가치를 찾을 수 있다.

일반적으로 네트워킹은 최대한 많은 사람을 만나는 것을 목표로 하는 공식적인 행사에서 이뤄진다. 물론 내향적인 사람이라면 대부분 이런 행사에 참석하지 않는다. 대개 외향적인 사람에게 적합하도록 행사가 기획되기 때문이다. 우리 같은 사람이 초대를 받으면 '도대체 내가 뭐 하러 이런 데를 가겠어?'라는 생각이 먼저 들 것이다.

이를테면 규모가 큰 콘퍼런스나 미팅에서 네트워킹을 하게 되는 경우가 많다. 이런 행사는 참석자들이 서로 어울릴 수 있도록 메인 세션과 특별 세션 중간중간에 휴식 시간을 배치해 둔다. 만약 행사장에 300명이 모여 있다면 압도당하는 기분을 느낄 것이다. 가벼운 사교 행사더라도 참석자가 많으면 비슷한 압도감을 느낄 수 있다. 우리는 자신을 더 잘 드러내고 싶어 행사에 참석하지만 막상 행사장에 가면 얼른 끝나기만을 기다린다.

그럼 다음의 방법들을 고려해 보자. 모두 내향적인 기질에 적합한 방법이며 네트워킹을 더욱 가치 있게 만들 수 있다.

▸ 많은 사람을 만나기보다 만나고 싶은 사람을 정해 두라.
당신의 커리어에 도움이 될 만한, 동시에 당신도 도움을 줄 수 있는 괜찮은 사람 몇 명에게 집중하라.

▸ 네트워킹을 인위적이고 어색하한 자리라고 생각하지 마라.
네트워킹을 당신의 생각을 공유할 수 있는 강력한 기회라고 생각하자. 당신만의 고유한 창조성을 통해 즉각적으로 가치를 창출할 만한 의미 있는 인맥을 찾을 수 있다.

▸ 행사장에 일찍 도착하라.
그럼 사람이 많지 않기 때문에 인파에 휩쓸리지 않을 수 있다. 게다가 이야기를 나누고 싶은 사람을 찾기도 더 쉽다, 공통점을 찾아서 서로의 관점을 알아보는 데 활용해 보자.

▸ 처음 대화 나눈 사람에 대해 알게 된 내용을 기억해 두라.

그러다 공통점이 있는 또 다른 사람과 대화를 나누게 되면 서로를 소개해 주자. 당신이 캐주얼하게 호스트 역할을 해 두 사람을 연결해 주면 그 둘은 당신 덕분에 별다른 고생 없이 네트워킹을 하게 된 셈이다.

▸ 네트워킹은 대부분 상대방에 대한 관심으로 시작된다.

동시에 자신만의 관점과 경험을 공유하는 건 자연스러운 일이다. 그렇게 하지 않으면 일방적인 교류가 될 뿐이다. 자신의 성과를 대화에 억지로 끼워 넣으려고 하지는 말라. 대화 중에 성과를 언급할 때가 찾아왔을 때 명확하게 말하면 된다. 자신의 강점을 굳이 숨기는 건 지나치게 허풍을 부리는 것만큼이나 정직하지 못하고 무례한 행동이다. 그저 실제 삶의 몇몇 순간을 상대방과 공유한다고 생각하자.

▸ 같이 일하지 않는 사람들에게도 다가가라.

사회학자 로널드 버트는 "틀에 갇힌 아이디어" 개념을 언급하며, 외부 의견을 받아들이지 않는 집단은 구성원이 모두 같은 방식으로 생각하는 경향이 있다고 말한다. 그에 따르면 네트워크가 다른 무리까지 확장되는 사람은 좋은 아이디어를 가질 가능성이 더 높다.

눈에 띄지 않는 게 더 쉬운데 굳이 눈에 띄기 위해 노력하라니 불안하게 느껴질 법도 하다. 하지만 당신의 커리어를 고려해 볼 때 눈에 띄는 것은 성장과 발전을 위한 필수적인 조건이다. 막다른 골목에 다다라 변화의 기미가 보이지 않는 듯 느껴진다면 지금이야말로 한 걸음 더 나아갈 때라는 신호다.

다행히 눈에 띄기 위한 노력이 충분히 간단하고 자신의 기질과 상충하지 않는다면 그 노력은 그리 어렵지 않다. 타고난 강점과 역량을 활용하지 않는 상황을 두고 얼마든지 불편함을 느껴도 좋다. 다만 자신의 길을 묵묵히 따라가다 보면 설렘과 성장, 모험을 진정으로 바라게 될 것이다. 두려움은 바퀴벌레와 같다. 바퀴벌레는 어둠 속에서 보이지 않을 때 활동하다가 불이 켜지면 모두 달아난다. 그럼 빛 속으로 첫발을 내딛을 시간이다.

CHAPTER 18

줄을
당기는
리더가 돼라

✦

100년 전만 해도 직장에서의 리더십은 지금과 달랐다. 대부분의 직원이 공장의 작업 현장에서 일하는 동안 사장은 고급 사무실을 차지하고 있었다. 그는 자리에 앉아 전체 작업을 내려다볼 뿐이었다. 작업 방식은 모두 미리 규정돼 있었다. 사장의 임무는 공장의 모든 게 그 기준에 부합하는지 확인하는 것이었다.

만약 규정에서 어긋난 일이 발생하면 그는 관리자를 내려보내 잘못한 사람을 닦달하도록 했다. 직원들은 지극히 사소한 실수로도 해고될 수 있었으며 의지할 데라고는 없었다. 당시의 방식은 리드가 아니라 그야말로 명령이었다. 리드한다는 건 당신이 선두에 서고 사람들이 당신을 따른다는 뜻이다. 반면 명령한다는 건 당신이 남들 뒤에서 그들에게 일을 시킨다는 뜻이다.

전해지는 이야기에 따르면 드와이트 아이젠하워 대통령은 백악관 집무실에서 리더십 철학에 대해 질문을 받은 적이 있다고 한다. 그러자 아이젠하워 대통령은 책상 위에 놓인 끈 한 가닥을 발견하고는 내빈에게 끈을 앞으로 밀어 보라고 했다. 하지만 끈은 손으로 잡고 있는 곳을 뒤따라갈 뿐 앞쪽으로 움직이지는 않았다. 아이젠하워는 말했다.

"줄을 당기면 원하는 곳 어디로든 따라오게 할 수 있습니다. 하지만 줄을 밀어서는 어느 곳으로도 데려갈 수 없죠."

오늘날 진정한 리더십은 강요에 의해서가 아니라 스스로 하고 싶어 일하도록 동기를 부여하는 것임을 우리는 잘 알고 있다. 리더십은 사람들이 행동하도록 영감을 주는 과정이며, 리더는 다른 사람들이 따르고 싶어 하는 사람이다. 그럼 도대체 사람들이 따르는 사람은 어떤 사람일까? 왜 그리고 어떻게 사람들을 이끌 수 있는 걸까? 내향적인 사람도 리더가 될 수 있을까?

내향성은 결코 결점이 아니다

초창기에 비해 지금 우리는 리더십이 무엇인지 훨씬 더 명확하게 파악하고 있다. 효과적인 리더십은 직원들에게 실현 가능한 비전, 회사와 본인 모두를 위한 비전을 제시하고, 그 비전에 따라 행동하도록 동기를 부여하는 것이다.

유능한 리더가 되려면 개성과 카리스마만 갖추면 된다는 고정 관념은 아직도 남아 있다. 이런 고정 관념 때문에 내향적인 사람은 좋은 리더가 될 수 없다고 믿는 사람이 많다. 목소리가 크지 않아서 또는 에너지가 부족해서, 아니면 결단력이 좋지 않아서 그렇다고 한다.

우리는 동기 부여가 되는 위대한 리더들, 이를테면 마틴 루서 킹, 윈스턴 처칠, 엘리너 루스벨트 같은 사람들을 떠올리며 아마 외향적인 성격이 리더십을 발휘할 수 있는 특별한 비결이었으리라 짐작한다. 그러나 알고 보면 세 사람 모두 내향적인 사람이었다.

실제로는 가장 조용한 사람이 가장 유능한 리더가 될 가능성이 높다. 이게 바로 《좋은 기업을 넘어 위대한 기업으로(Good to Great)》의 저자 짐 콜린스가 연구를 통해 내린 결론이다. 그는 세계적인 수준의 리더와 혁신가가 몸담고 있는 성공적인 기업들을 연구했다. 그의 결론은 무엇이었을까? 개인의 카리스마는 성공적인 리더십과 거의 관련이 없으며 심지어 위험할 수도 있다는 것이었다. 그는 "리더십은 개성이 아니다"라고 강조하며, 자신이 연구한 여러 회사의 뛰어난 리더들 상당수가 그의 표현에 따르면 '카리스마 우회로'를 갖고 있다고 말한다.

외향적인 사람도 물론 강력한 리더가 될 수 있지만 그건 내향적인 사람도 마찬가지다. 다른 사람에게 동기를 부여해 다르게 생각하고 행동하도록 만들 수 있는 내향적인 리더로 대표적인 사람들을 꼽아 보자. 이미 언급한 알베르트 아인슈타인, 에이브러햄 링컨 외에도 메릴 스트립, 아이작 뉴턴, 마크 저커버그, 마리사 메이어, 앨 고어, 마이클 조던, 프레데리크 쇼팽, 스티브 워즈니악, 로라 부시, 로이 로저스, 레이디 가가 등이 있다. 이들은 내면의 강점에 밝아 이를 활용해 전 세대에 영향을 미쳤다. 대부분의 경우 이들에게 힘을 준 것은 자발적으로 대화를 주도하는 능력이 아니라 조용한 자신감과 실력의 조화였다.

외향적인 사람은 팀에서 일어나는 모든 일에 귀 기울이고 대응하느라 너무 바쁘기 때문에 다른 외향적인 사람들을 리드하는 데 어려움을 겪는 경우가 많다. 반면 내향적인 사람은 타고난 청자이며 다른 사람들이 안심하고 생각을 꺼낼 수 있도록 차분한 태도로 대하곤 한다.

훌륭한 내향적 리더는 후천적으로 습득한 외향적 기술(의식적으로 개발한 기술)과 타고난 성찰적 성향을 모두 활용할 줄 안다. 즉 그들은 온전히 자신이 될 수 있으며 자신에게 필요한 외향적 기술이 무엇인지 파악해 이를 개발하기 위해 노력해 왔다는 뜻이다. 그들은 성격을 외향적으로 바꾸지 않는다. 단지 외향적인 사람의 언어로 소통하는 방법을 배울 뿐이다. 내향적인 사람이 리더십 스킬을 발휘할 때 마스터 무브를 활용하면 어떤 결과를 얻을 수 있을지 떠올려 보라.

- ▶ 말하기 전에 먼저 생각하며 신중히 단어를 선택한다.
- ▶ 일어나는 일의 역학 관계를 잘 관찰한다.
- ▶ 호기심을 발휘해 큰 그림을 본다.
- ▶ 기꺼이 다른 사람을 칭찬하고 모두의 공로를 인정한다.
- ▶ 사려 깊게 말하고 행동한다.
- ▶ 빠른 성과보다는 탄탄한 프로세스에 더 관심이 많다.
- ▶ 전략의 가치를 이해하고 이에 충실한다.
- ▶ 시간을 들여 신중히 생각해 외교 수완이 있다고 여겨진다.
- ▶ 아이디어를 논의할 때의 에너지가 아니라 세심하게 기획된 아이디어를 제시한다.
- ▶ 조용하고 서두르지 않는 태도를 성실함으로 보완한다.

한편 내향적인 사람이 리더십을 갖추기 어렵게 만드는 장벽 역시 인지해야 한다. 《상처받지 않고 일하는 법(The Introverted Leader)》의 저자 제니퍼 칸와일러는 우리가 해결해야 할 6가지 주요 장벽을 강조한다.

▶ 사람들로 인한 피로감 때문에 상호 작용이 많은 환경에서 더 빨리 지치고 만다.

▶ 빠른 속도로 일이 진행되면 데이터를 검토할 시간 없이 의사 결정을 내려야 할 때 압박감을 느낀다.

▶ 자주 방해를 받는다. 회의 중에 잠시 멈춰 생각할 시간이 필요한데, 외향적인 사람은 이를 '발언 마침' 신호로 받아들이고는 자신의 발언을 시작한다.

▶ 자기 홍보에 대한 압박감이 심하다. 상사가 모든 부하 직원의 성과를 파악하기란 불가능하다. 그러므로 내향적인 사람도 개인의 성과가 눈에 띄도록 만드는 게 중요하다.

▶ 팀에 대한 강조 때문에 어려움을 겪는다. 팀은 그 에너지 때문에 생산적인 듯 보이지만 내향적인 사람은 홀로 일할 때 더 생산적이다.

▶ 부정적인 인상을 줄 수 있다. 내향적인 사람은 적극적으로 반응하지 않기 때문에 지루한 사람으로 인식될 때가 많다.

결국 외향적인 사람과 내향적인 사람 중 누가 최고의 리더가 될 수 있는 걸까? 최고의 리더는 본모습 그대로 살아가는 법을 깨달은 사람이자, 자신의 고유함을 활용하면서도 타고나지 않은 기본적인 역량을 배우고 갖춘 사람이다. 리더십은 카리스마니 개성이 아니라 역량과 관계에 달려 있다. 훌륭한 리더는 중대한 상황을 처리하는 방법, 팀이 중요한 목표를 달성하도록 동기를 부여하는 방법, 개인에게 영감을 주는 방법 그리고 자신에게 얼마나 진실한지에 따라 결정된다. 작가 스테이시 래스토는 이렇게 말한다.

"그 누구와도 다른 고유한 사람, 고유한 리더가 되세요. 당신의 성격이 다른 성격 유형보다 중요하지 않아 보일지라도 그 강점을 과소평가하지는 마세요. 책상에 앉아 헤드폰을 끼고 일하는 걸 선호한다면 굳이 동료들이 끊임없이 아이디어를 주고받는 라운지에서 일하려고 하지 마세요. 당신은 상황을 관찰하고 파악하는 능력이 뛰어납니다. 이런 자질을 받아들이고 활용하지 않는다면 큰 손해가 될 거예요."

내향적인 리더가
팀원을 대하는 법

내향적인 사람의 리더십에서 가장 중요한 부분은 자신에게 솔직해지는 것이다. 외향적인 사람은 팀 전체에 동시에 다가가는 데 능숙하다. 반면 내향적인 사람은 개개인과 일대일로 관계를 구축하는 데 탁월하다. 이를 보다 효과적으로 수행하는 데 도움이 되는 기술이라면 모두 습득할 만한 가치가 있다.

각 팀원의 성격과 기질은 서로 다를 것이다. 내향적인 리더라면 팀원들이 겉으로 표현하지 않더라도 그들이 무엇을 생각하고 느끼는지 알아차릴 수 있다. 결국 모든 팀원이 각자의 방식으로 자신의 생각을 편안하게 나눌 수 있는 분위기를 조성할 수 있을 것이다. 그렇다고 조용한 팀원이 매 회의 때마다 자연스럽게 적극적으로 참여하리라는 건 아니다. 내향적인 사람이든 외향적인 사람이든 각 팀원이 회의 테이블 위에 무엇을 가져다줄 수 있는지 이해하고, 각자의 고유한 가치를 소중히 여겨야 한다는 뜻이다.

이 과정에서 리더의 역할은 무엇일까? 한 사람 한 사람과 개별적으로 가까워지면서 이들을 위해 그 편안한 분위기를 어떻게 만들 수 있을지 파악하는 것이다. 일반적으로 리더십 철학에 따르면 리더는 부하 직원과 친구가 돼서는 안 된다. 직원들에게 지시할 때 어려움이 생길 수 있고 특정 직원을 편애한다는 오해를 일으킬 수도 있기 때문이다. 이건 정말 아슬아슬한 경계선이다.

당신의 주 역할은 좋은 친구가 되는 게 아니라 리더가 되는 것이다. 즉 용기와 자신감을 갖고 팀원을 리드하기 위해 필요한 기술을 배움과 동시에 사람 대 사람으로 팀원들을 알아 가야 한다. 그렇게 업무 외적으로는 무엇이 중요한지, 무엇이 동기가 되는지, 어떤 어려움을 겪고 있는지, 앞으로의 직장 생활에서 무엇을 이루고 싶은지 등을 파악하면 된다. 그저 경영 기법의 일환이 아니라 진심을 담아 소통할 때 신뢰가 쌓인다. 그 신뢰는 팀원들의 충성도와 성과로 이어진다.

> ▶ 의식적으로 노력해 팀원을 하나하나 개인적으로 만나 보기
> 바란다.

자연스럽고 캐주얼한 분위기를 유지하는 게 좋다. 사무실에서 공식적인 미팅을 하기보다는 여유를 갖고 편하게 걸어 다니면서 마주치는 사람과 이야기를 나누는 것이다. 상대방이 어떻게 지내는지 확인해 보고, 이전에 대화를 나눈 적이 있다면 내용을 떠올려서 대화를 이어 가 보자.

"얼마 전에 따님이 소프트볼 시합 나간다고 하셨는데 어떻게 됐나요?"

"휴가 때 산에 간다고 하셨는데 잘 다녀오셨나요? 어땠어요?"

"지난주에 회사 변동 사항을 공지할 때 계시더군요. 이번 변화를 어떻게 생각하시나요? 워낙 생각이 깊은 분이니 긍정적이든 부정적이든 의견을 듣고 싶습니다."

팀에 이메일을 보낼 수도 있다.

"잠깐 쉬는 시간 좀 가지려고 합니다. 10시부터 15분 정도 산책하러 갈 거예요. 같이 가실 분 계신가요?"

팀원들에게 업무에서 벗어날 수 있는 권한을 부여하고, 업무 효율을 높이는 데 필요하다면 잠시 시간을 가져도 괜찮다고 보여 주는 셈이다. 이어지는 대화에서는 대화를 주도하기보다 팀

원이 어떤 이야기를 하고 싶은지 그냥 듣고 따라가면 된다.

▸ 누군가 팀에서 진행 중인 작업과 관련해 아이디어를 제시
  하면 기록을 해 두라.

"아주 흥미롭군요. 저도 좀 더 고민해 볼 수 있게 메모해 둬야
겠네요."

며칠 동안 그 아이디어를 숙고한 다음, 간단한 후속 조치나 발
전적인 질문을 담아 메시지나 이메일을 보내 보자. 이렇게 하면
당신이 더 고민해 보고 다시 논의를 이어 갈 만큼 팀원의 의견을
소중히 여긴다는 것을 보여 줄 수 있다. 아이디어가 채택이 되든
안 되든, 그 팀원은 자신의 가치를 인정받았다고 느낄 것이다.

▸ 언제나 상대방의 말을 요약하면서 마무리하라.

대화를 나눌 때 상대방의 이야기를 제대로 들었는지, 상대방
이 의도한 대로 이해했는지 확인하기 위함이다. 이어서 의견을
제대로 이해했는지 물어 보자. 이렇게 하면 공감을 표현할 수 있
으며 아주 깊은 수준으로 경청하고 있음을 알릴 수도 있다.

▸ 이름을 발음하기 어려운 팀원이 있다면 그 팀원에게 정확
  한 발음을 물어보자.

제대로 발음했다고 팀원이 인정해 줄 때까지 반복해서 묻기

바란다. 내가 아는 리더 중에는 어떤 직원이 신입으로 들어왔을 때부터 몇 년 동안 이름을 잘못 발음한 사람도 있다. 그동안 정확한 발음을 한 번도 물어보지 않은 것이다. 상사의 잘못을 지적하고 싶어 하는 사람은 거의 없다. 사소한 일처럼 보이지만 사람의 이름은 정체성의 일부이며, 이름을 똑바로 발음하기 위해 노력하는 건 당사자에게 큰 의미가 있다.

▶ 때때로 사람들의 표정은 실제 생각과 일치하지 않는다.

내향적인 사람은 발표 내용에 동의하더라도 깊은 생각에 빠지는 바람에 얼굴을 찡그리기도 한다. 상대방의 기분이 어떤지 잘 모르겠다면 개인적으로 물어보기 바란다.

"방금 회의에서 논의한 내용을 어떻게 생각하는지 확인하고 싶어요. 고민이 있어 보이길래 물어봐야겠다고 생각했어요."

내향과 외향의 균형을 맞춰라

아마 당신도 외향적인 상사 밑에서 일해 본 경험이 많을 것이다. 리더 자리에 오를 기회가 생기면 당신이 경험했던 리더와는 다른 방식으로 리더십을 발휘하려는 의지가 지나치게 많이 생길 수도 있다. 이를테면 팀원들이 깊이 성찰하고 생각할 수 있는 환경은 조성하면서 정작 외향적인 팀원들이 돋보일 에너지 넘치는 회의에 소홀히 하는 것이다. 이렇게 하면 내향적인 사람들에게는 친숙하지만 외향적인 사람들의 요구는 묵살하는 듯한 분위기가 조성될 위험이 있다.

리더의 임무는 본인에게 가장 편한 방식으로 팀을 이끄는 게 아니라 모든 팀원에게서 최고의 모습을 이끌어 내는 것이다. 누구나 저마다의 천재성을 품고 있다. 리더는 그 천재성을 찾아서 표면으로 드러낼 수 있는 환경을 조성한 다음, 그 천재성을 다듬어 모두가 자신만의 방식으로 크게 기여할 수 있도록 해야 한다.

그렇기 때문에 사람들에게 할 일을 잘 지시하는 게 곧 리더십이라 믿는 건 아주 위험한 일이다. 물론 매우 흔한 일이지만 말이다. 지시만 잘하는 리더는 마치 최고의 아이디어를 가진 사람처럼 군림해 결국 모두의 창의적인 의견은 설 자리를 잃게 된다. 프랑스의 비행가이자 작가 앙투안 드 생텍쥐페리는 이렇게 말했다고 전해진다.

"배를 만들고 싶다면 사람들을 모아 목재를 수집하고, 일을 분배하고, 명령을 내려서는 안 됩니다. 대신 그들이 광활하고 끝없는 바다를 동경하도록 만들어야 해요."

누군가에게 보트를 만들라고 하면 그들은 보트를 만들 것이다. 그러나 모험에 대한 비전을 심어 주면 그들이 만들어 낼 수 있는 가능성은 무궁무진해진다.

가능한 한 혼자 일할 수도 있고 함께 일할 수도 있는 공간을 마련하라. 보유한 자원을 최대한 활용해 사람들이 매 순간 적절한 작업을 수행할 수 있는 업무 공간을 다양하게 조성하라. 완전히 개방돼 있거나 완전히 고립된 환경은 피해야 한다. 사람들이 함께 작업하고 싶을 때 앉아서 일할 수 있는 크고 작은 테이블을 개방된 공간에 배치해 보자. 조용한 공간에서 혼자 생각하고 작업하거나 동료 1~2명과 협업할 수 있는 개인적인 공간도 마련하라. 가능하면 일주일에 2~3일 정도 재택근무를 허용하거나, 방해받지 않은 채 생각에 몰두할 수 있게 헤드폰 사용을 장려하는 것도 좋다. 어떤 회사에서는 직원이 새로 입사할 때마다 노이즈 캔슬링 헤드폰을 지급해 각자가 적절한 시점을 판단해 사용할 수 있도록 하고 있다.

모두가 정서적으로 안정감을 느낄 수 있도록 조성된 환경에서 내향적인 사람과 외향적인 사람이 협업할 때 어떤 가치가 창출되는지 지켜보라. 다양한 아이디어의 가치는 모두가 잘 인지하고 있다. 그러므로 외향적인 사람은 초기 단계에 창의성을 발휘하기 위한 촉매제가 될 수 있다. 그다음에는 제시된 아이디어에서 깊이와 명확성을 찾아내야 한다. 내향적인 사람이 마법을 부릴 수 있도록 용기를 북돋을 차례인 셈이다. 결국 모든 구성원이 각자에게 가장 자연스러운 방식으로 기여할 수 있다고 느끼게 될 것이다.

몇 년 전 누군가가 '회의로 인한 죽음'이라는 용어를 만들었다. 이 단어는 사람들의 관심을 끌기 충분했다. 리더가 뭔가 생각이 떠오를 때면 언제든 회의를 소집하는 환경에서 일해 본 사람이 너무나도 많았기 때문이다. 물론 회의기 효과적일 수도 있다. 그러나 내향적인 사람보다는 외향적인 사람에게 더 의미가 있다. "망치를 들면 모든 게 못으로 보인다"라는 옛말과도 일맥상통한다.

리더는 사람을 통해 일을 완수해야 한다. 때로는 임시 리더가 돼 낯선 사람들로 구성된 프로젝트 팀을 이끌어야 할 때도 있다. 물론 그 외에는 주로 직속 부하 직원과 함께할 것이다. 어떤 경우든 회의는 최고의 아이디어를 얻는 방법 중 하나일 뿐이다. 오히려 회의 때문에 다른 가능성을 발굴하지 못할 수도 있다. 다음의 방법을 고려해 회의의 성과를 높이거나 심지어 회의가 필요 없도록 만들어 보자.

효과적인 회의 사용법

▶ 하나의 이슈에 대해 의견이 필요하다고 해서 회의를 소집 하지는 말라.
한 번의 회의로 여러 안건을 다룰 수 있도록 이슈를 정리하라.

▶ 참석자들이 회의를 준비할 수 있도록 반드시 회의의 안건

을 미리 전달하라.

누군가는 대강 넘길지 몰라도 내향적인 사람들에게는 회의 준비 과정에서 생각을 정리해 볼 기회가 된다.

▶ 참석자 모두가 각자의 생각을 공유할 기회를 가져야 한다.

자신의 의견이 도움이 안 되면 묵살당할 수 있다고 생각하는 사람이 있어서는 안 된다. 논의를 독점하려 하는 참석자가 있다면 조금 자제시켜 다른 사람들도 의견을 공유할 수 있도록 하라.

▶ 추가 의견이 있는 참석자에게는 회의 후에 서면으로든 대면으로든 연락을 달라고 이야기하라.

내향적인 사람은 자신의 생각을 공유하기 전에 정리할 기회를 갖고 싶어 한다. 그리고 여럿이 함께 논의하기보다는 일대일 대화를 더 원할 것이다.

▶ 사람들이 회의에서 절로 각자의 생각을 공유할 것이라고 가정하면 안 된다.

홀로 생각에 몰두하고 있는 사람도 있을 텐데 이들로부터 정보를 얻기 위해서는 다양한 접근법이 필요할 것이다.

▶ 회의는 짧고 간결하게 진행하라.

참석자들을 2~3명씩 팀으로 나눠 10분 정도 생각을 공유하게 한 다음, 각 팀에서 1명씩 논의한 내용을 발표하도록 해 보자. 그럼 비교적 과묵한 사람들의 의견도 최대한 끌어낼 수 있다. 내향적인 사람들은 이런 환경에서 더 편안하게 의견을 내놓을 것이며, 각 팀이 발표를 하면서 자연스럽게 모두가 그 의견을 접하게 될 것이다.

▶ 휴식 후에 혈액 순환을 시키자며 아이스 브레이킹이나 체조 따위를 제안하지 말라.
내향적인 사람들은 그 즉시 자리를 박차고 나가려 할 것이다.

내향적인 사람도 크게 성공한 리더가 될 수 있을까? 물론이다. 당신도 얼마든지 그렇게 될 수 있다. 새로운 마음가짐만 있으면 된다. 자신이 가진 모든 것을 활용하고 끊임없이 다양한 역량을 길러 다른 사람들도 각자의 본모습을 찾도록 도와야 한다는 뜻이다. 결국 당신의 회사에 그리고 당신의 부하 직원들에게 변화를 일으키겠다는 마음가짐이 필요하다. 이게 바로 당신이 가질 수 있는 전략적 이점이다!

CHAPTER 19

마음의
여유를 가지고
대화하라

✦

예전부터 대인 의사소통을 다루는 글을 굉장히 많이 썼기 때문에 이번 장을 계속 기대해 왔다. 실제로 내가 지금까지 쓴 모든 책에는 대인 의사소통에 관한 부분이 있다. 기초적인 내용이 담긴 《How to Communicate with Confidence》부터 최근 출간한 《It's Better to Bite Your Tongue Than Eat Your Words》까지 말이다. 모두 외향인의 세상에서 내향적인 사람으로 살아온 내 경험을 바탕으로 나온 책들이다. 내가 저술 작업을 시작할 때만 해도 비슷한 참고 자료가 많지 않아 직접 연구하고 시행착오를 거치며 글을 써야만 했다.

내가 깨달은 점은 많은 사람, 주로 내향적인 사람들이 기본적인 대화 기술을 익힐 방법을 찾지 못한다는 사실이다. 그들은 최선을 다해 살아가지만 새로운 방법을 어디서 찾을 수 있는지 모르며, 심지어 그런 방법이 존재한다는 사실조차 모른다. 그래서 나는 기능한 한 모든 것을 배우고 테스트한 후 공개하기로 결심했다.

이 장의 시작은 20년 전에 내향성에 대해 연구하고 글을 쓰기 시작한 이후 과연 무엇이 달라졌는지 살펴보는 것이다. 검색 엔진에 "내향적인 사람이 소통을 배우는 방법"을 입력해 보니 2가지를 깨달을 수 있었다.

'인기 있는 글, 연구 논문, 블로그 게시물, 전문 간행물 등 해당 주제를 다루는 웹 페이지는 수없이 많다.'

'새롭거나 독특한 정보는 거의 없으며, 대부분의 정보에 오해의 소지가 있다.'

이 주제를 두고 글을 쓰고자 하는 사람은 아무래도 2가지 방법 중 하나를 선택하는 듯했다.

'문제에 대해 간단히 생각한 뒤 가벼운 생각을 적는다. 대부분 깊이가 부족해 도움이 되기 어렵다.'

'나처럼 검색을 한 다음 다른 사람들이 적어 둔 아이디어를 베낀다. 표현만 조금 비꿔서 사실상 같은 내용을 게시한다.'

두 번째 부류의 글 때문에 적잖이 당황했다. 수십 편의 글을 읽어 봤는데 놀라울 정도로 서로 내용이 비슷했다. 누가 처음 아이디어를 냈는지는 잘 모르겠지만 글의 요점이 모두 동일해 보였다. 다들 다른 사람의 아이디어를 훔쳤다고 말하고 싶지는 않다. 하지만 독창적인 아이디어는 거의 없었다고 봐도 무방했다. 요점 자체는 정확했으나 같은 내용이 계속 반복되고 재포장되고 있었다. 나는 신선한 관점과 통찰력을 찾아서 더 좋은 결과물을 만들어 내고 싶었다.

내향인이 효과적으로
소통하는 방법

이 장에서는 내가 수년 동안 깨달은 바를 바탕으로 내향적인 사람으로서의 시각을 공유하려 한다. 몇몇 아이디어는 이전 장에서 이미 언급했으며 모두 하나 이상의 마스터 무브와 긴밀히 연관돼 있다. 다음의 내용은 모두 내향적인 사람으로서 효과적으로 소통하는 방법을 안내하는 입문서 역할을 해 줄 것이다.

▶ 가치를 만들어 낼 힘이 있다고 믿으라.

우리의 강점이 얼마나 특별한지, 우리가 정보를 얼마나 깊이 있게 처리하고 보여 줄 수 있는지를 이해하고 나면 다른 사람과 우리를 비교할 필요가 없어진다. 빠르게 답을 구하고 싶은 사람은 우리를 찾지 않겠지만, 깊이 있는 시각을 원하는 사람이라면 우리를 찾을 것이다.

▸ 대화를 나누기에 알맞은 환경을 마련하라.

시끄러운 식당에서 누군가를 만나 그 환경에 계속 머무르다 보면 마치 오르막길을 헤엄치는 것처럼 느껴진다. 상대방의 말을 들으려고 애쓰다 보면 에너지가 금방 고갈돼 버린다.

나는 다른 장소를 제안하고 상대방에게 그 이유까지 말하는 법을 깨달았다. 사무실에서 누군가와 집중이 필요한 대화를 나눠야 한다면 "좋아요. 좀 더 조용한 빈 회의실로 가시죠"라고 말할 것이다.

▸ 좋은 질문을 하는 법을 배우라.

내향적인 사람들이 가진 모든 능력 중에 가장 근본적인 건 좋은 질문을 하는 능력이다. 대화가 매끄럽지 않을 때 할 말을 떠올리기란 쉽지 않다. 사람들이 침묵을 두려워하는 것도 이 때문이다. 상대방이 방금 말한 내용을 바탕으로 질문을 떠올리는 능력은 정직하게 활용하기만 하면 비장의 무기가 될 수 있다. 즉 대화를 계속 진행하기 위한 술책이 아니라 진정한 호기심을 표현하는 수단이 돼야 한다.

▸ 항상 성장하고 실력을 쌓으면서 자신감을 갖고 본모습 그 대로 살아가라.

우리는 자신감을 바탕으로 발전하고 향상하며 새로운 기술을 배울 수 있다. 이는 일본의 비즈니스 개념인 카이젠, 즉 '지속적인 개선'과 맞닿아 있다. 지난 몇 년 동안 책을 비롯해 많은 자료들이 발간돼 내향적인 사람들이 자신의 모습을 받아들이는 데 도움이 됐다. 이런 자료는 시작점으로 완벽하다. 하지만 다른 사람들과 소통하고 영향력을 주고받기 위해서는 새롭고 다양한 의사소통 기술을 익히는 데 집중해야 한다.

▸ 능동적으로 듣고 관찰하라.

내향적인 사람은 상대방의 말을 들을 때 더 다양한 표정과 반응을 보여야 한다는 사실을 무시하곤 한다. 적절한 표정을 짓지 않으면 사람들은 우리를 무관심하거나 거만하다고 여길 수도 있다. 이는 간단히 해결할 수 있는 문제이며 연습만 하면 된다. 눈을 잘 맞추는 법을 배우고, 상대방의 말을 이해할 때마다 자주 고개를 끄덕이자. 공감되는 내용을 들으면 미소를 지으며 "장난 아닌데요?", "그렇군요", "그게 맞죠"처럼 언어적으로 신호를 보내자. 이런 식으로 당신이 적극적으로 이야기를 듣고 있음을 보여 주기 바란다.

▶ 필요에 따라 휴식을 취하라.

내 차의 연료 탱크가 당신 차의 절반밖에 되지 않는다면 주유소에 더 자주 들러 연료를 채워야 한다. 이는 아무리 소원을 빌어도 바뀌지 않는 사실이다. 연료를 채우지 않은 채 계속 운전을 하면 결국 시동이 꺼지고 말 것이다.

대화도 마찬가지다. 한동안 에너지 소모가 큰 대화에 참여했다면 그 대화가 아무리 잘 진행됐더라도 당신 스스로 에너지가 고갈되는 시점을 파악할 수 있다. 그럴 때면 재충전을 위해 잠시 휴식을 취해 보자. 사과할 필요는 없다. 경우에 따라서는 "흥미롭군요! 잠깐만 시간을 주세요. 대답하기 전에 고민 좀 해 봐야겠어요"라고 말하는 것만으로 충분하다. 때로는 볼일이 급하지 않더라도 머리를 식히기 위해 화장실에 다녀오거나 다음 미팅을 건너뛰는 방법도 있다. 최고로 중요한 업무를 수행하려면 에너지가 필요하다. 내향적인 사람에게 혼자만의 시간은 선택이 아닌 필수다.

▶ 중요한 말만 하라.

팀 회의, 여타 화상 회의, 동료와의 대화, 고객과의 거래 등 어떤 상황에서도 자신이 하는 말에 무게가 있어야 한다. 말은 당신에게 가치를 더하고 존재감을 키우는 데 도움이 될 수 있지만, 이는 가치 있는 말을 할 때만 가능한 일이다. 한 번의 만남에서

단 한 마디의 말을 한다면 그 말은 정말 중요하고 가치가 있어야 한다. 물론 내향적인 사람에게는 어렵지 않은 일이다.

말을 더 많이 해야겠다고 느껴질 때면 그 말을 통해 더 많은 가치를 제공할 수 있기 때문인지, 아니면 외향적인 사람들처럼 눈에 띄기 위해서인지 자신에게 물어야 한다. 무슨 말을 할지 고를 때는 항상 신중해야 한다. 양보다는 질이 우선이다. 말은 간결할수록 더 큰 영향력을 발휘하고 장황할수록 영향력이 흐려지는 법이다.

▶ 모든 만남에 대비하라.

어떤 대화를 나누든 준비는 내향적인 사람에게 아주 중요한 기술이다. 괜히 마스터 무브 중 하나인 게 아니다. 스스로에게 항상 물어 보자.

'이 만남의 목적은 무엇인가?'

친구와의 점심 식사라면 그 친구가 요즘 겪고 있는 일이나 최근에 나눈 대화를 떠올리며 친구를 최우선으로 생각하라.

매장에 들어온 고객과의 대화인 경우, 고객의 삶에 일어나는 일을 전부 다 알 수는 없음을 명심하라. 고객에게 친절하게 다가가면 인간적인 유대감을 형성하며 진정한 배려라는 선물을 줄 수 있다.

팀 회의라면 미리 안건을 파악하고 각 안건마다 자신의 관점을 정리해 회의 중에 적절하게 의견을 제시하라.

서비스업에 종사하는 경우, 고객의 요구를 주의 깊게 들은 뒤 확인차 질문도 해 보자. 그다음 요구를 정확히 충족해 주면 된다. 누군가에게 서비스를 제공하고 그들의 삶에 변화를 가져다 줄 기회가 있다는 사실에 항상 감사하라.

상사와의 대화라면 우선 당신의 입장에서 안건을 생각해 보고, 상사에게도 한 사람으로서 어떻게 지내고 있는지 적당한 질문을 1~2개쯤 해 보자. 예를 들면 이런 것이다.

"최근 보상 체계가 바뀌면서 다들 예민해진 것 같아요. ○○님은 좀 어떠신가요?"

오지랖을 부리려 해서는 안 되며 진정으로 관심을 기울일 수 있는 방법을 찾아야 한다.

▶ 개별적인 관계를 구축하라.

사회생활을 하다 보면 대규모 모임을 피할 수는 없다. 이럴 때면 소규모 모임에 참석할 때보다 에너지가 더 빨리 고갈되기 마련이다. 모임에 참석은 하되 언제나 최소한의 에너지만을 사용하도록 노력해 보자. 관계를 형성하는 데 시간이 오래 걸릴 수도 있지만 그렇게 형성된 관계는 더 깊은 법이다.

회의에서 누군가 우려스러운 의견을 제시했다면 회의가 끝난 후에 이를 다른 사람들과 함께 검토해서는 안 된다. 그럼 뒷말이 될 뿐이다. 걱정되는 점을 신중하게 생각해 보고 최대한 간결하게 표현할 수 있는 방법을 떠올려 당사자를 직접 찾아가 질문하라. 예컨대 이렇게 말해 볼 수 있다.

"회의에서 의견을 들었을 때 흥미롭긴 했지만 제 생각과는 좀 다르게 느껴졌어요. 정확히 어떻게 생각하고 계신지 자세히 들어 보고 제가 생각했던 것과 어떻게 다른지 확인하고 싶어요."

내향적인 사람은 일대일로 일할 때나 최소 규모의 집단에서 일할 때 가장 좋은 성과를 낼 수 있다. 가능한 한 이런 소규모 관계에 더 집중하되 대규모 모임에서는 적극적으로 듣고 관찰하면 된다.

관계와 성과가 바뀌는
말하기 기술

대화를 잘하기 위해 시도해 볼 수 있는 일은 아주 많다. 먼저 개인과 대화를 잘할 수 있는 비법을 살펴본 다음, 여러 사람 앞에서 말을 잘하기 위한 팁도 살펴보자.

일대일 상황에서의 말하기 기술

준비는 내향적인 사람이 대화에 자신감을 갖기 위해 활용할 수 있는 최고의 마스터 무브다. 일단 자신감이 생기면 모든 질문에 일일이 대답할 필요가 없어진다. 주눅 들지 않고 "모르겠어요"라고 말할 수 있기 때문이다. 이게 가능해지면 다른 사람들로부터 존중을 받게 될 것이다.

▶ 동료를 칭찬할 수 있는 방법을 끊임없이 모색하라.

회의 중에 동료가 특별한 관점을 제시했다면 몇 초라도 시간을 내어 동료를 인정해 주자.

"오늘 아침 회의에서 케빈의 의견에 답변하시는 걸 봤는데 생각을 정리하는 방식이 정말 인상적이었어요. 그동안 나온 이야기를 마무리 짓고 논의를 새로운 방향으로 이끌었죠. 정말 감명 깊었습니다!"

상대방에게 아첨하기 위해 억지 칭찬을 하지는 말라. 진심을 담아 느끼는 그대로 말하면 된다. 약간의 노력으로 누군가의 하루를 행복하게 만들 수 있으며 당신의 인간관계에 신뢰를 쌓을 수도 있다.

▶ 회사의 경영진이나 당신의 상사라도 훌륭한 선택을 했거나 용기를 내 어려운 결정을 내렸다면 간단하게나마 감사 이메일을 보내라.

"신선한 결정이었습니다", "정말 힘드셨을 텐데 어려운 결단을 내려 주신 점 감사드립니다"처럼 한두 문장만으로도 충분하다

리더도 인간이며 인간은 진심 어린 친절에 기뻐하는 법이다.

▶ 예리한 호기심을 키우라.

당신과 대화를 나누는 사람은 모두 내가 모르는 것을 알고 있다고 가정해야 한다. 당신의 임무는 그게 무엇인지 알아내는 것이다. 어떤 대화에서든 말을 아끼고 명확하게 질문하라. 그리고 탐구하는 마음가짐을 가지라.

▶ 어려운 대화를 해야 한다면 상대방과 함께 걸으며 이야기를 나눠 보라.

나란히 걷는다면 눈을 마주칠 일이 많지 않다. 내향적인 사람은 보통 눈을 자주 맞추고 싶어 하지만, 경우에 따라 상대를 직접 쳐다보지 않아도 될 때 대화가 더 쉬워지기 마련이다. 게다가 함께 걸으면 더 격식 없이 대화를 나눌 수 있다.

발표 상황에서의 말하기 기술

코미디언 제리 사인펠드는 이렇게 말했다.

"여러 연구에 따르면 사람들이 가장 두려워하는 건 대중 앞에서 말하는 것이랍니다. 두 번째가 죽음이고요. 그 말인즉슨 우리가 장례식에 간다면 추도사를 하기보다 관 속에 있는 게 더 낫다는 뜻이죠."

어떤 직무를 맡고 있든 많은 사람 앞에서 발표를 해야 할 때가 생긴다. 청중은 함께 일하는 팀일 수도 있고 조직 전체일 수도 있다. 심지어 대중 매체 앞에 서야 할지도 모른다. 이런 상황에서 내향적인 사람은 대개 최고의 성과를 내곤 한다.

내향적인 사람은 갑작스레 사람들 앞에 불려 나가는 걸 좋아하지 않는다. 그런 상황에서는 무슨 일이 일어날지, 또는 무슨 말을 해야 할지 모르기 때문이다. 사람들이 자신을 평가하고 있다는 생각에 얼어붙을지도 모른다. 막상 사람들은 신경도 쓰지 않을 텐데 말이다. 그런데 내향적인 사람에게 여러 사람 앞에서 발표하는 과제가 주어지면 오히려 그 자리에서 빛을 발하는 경우가 많다. 발표를 준비할 시간만 충분히 주면 된다. 우리는 정보를 모아 사람들이 이해하기 쉽게 종합할 수 있다. 발표는 자신감 넘치고 간결해 보일 것이다.

내가 바로 그런 사람이다. 준비 시간만 충분하다면 사람들 앞에 설 때마다 신이 나고 자신만만해진다. 내가 책임자고 무슨 일이 일어날지 잘 알기 때문이다. 하지만 회의 중에 누가 나를 사람들 앞에 불러 세우고 나는 무슨 일이 벌어질지 모르는 상황이라면 내 안전지대에서 한참 벗어나는 셈이다.

어떤 세션을 주도해 진행할 때 그 기회를 잘 살릴 수 있는 몇 가지 방법을 소개하겠다.

▸ 누군가 질문을 하는데 답변이 즉각 떠오르지 않는다면 솔직하게 말하고 대답을 미루라.

"좋은 질문이군요. 대답해 드릴 수는 있는데 잠시 생각할 시간이 필요해요. 제가 생각을 정리하는 동안 다른 분들의 의견도 들어 보죠. 그 후에 제 생각을 말씀드리겠습니다."

당신은 질문을 피한 게 아니다. 잠시 생각을 정리해야 한다는 스스로의 요청을 존중하며 질문자에게 답변을 약속한 것이다.

▸ 회의 중에 리더가 어떤 사안에 대해 의견을 요청하면 다른 참석자보다 먼저 의견을 제시하라.

보통 첫 번째 사람이 말하기 전에 잠시 시간이 생기며, 이 시간이야말로 발언에 가치를 더하기에 완벽한 시간이다. 나중에 부랴부랴 순서를 찾는 것보다 처음이 더 수월하다.

▸ 생각을 공유할 때는 미리 아이디어에 번호를 매겨 놓으라.

여러 가지 아이디어를 한 번에 공유할 때 내향적인 사람은 종종 아이디어 사이에 잠시 시간을 두고 다음 생각을 정리한다. 문제는 다른 참석자가 그 틈을 '발언 마침' 신호로 받아들여 끼어들 위험이 있다는 것이다. 첫마디를 이렇게 시작해 보자.

"이 사안에 대해 빠르게 3가지 아이디어를 떠올려 봤는데요. 첫 번째는 …"

그럼 누군가가 말을 끊으려 들 때 쉽게 대응할 수 있다.

"잠깐만요. 잊어버리지 않게 생각 정리부터 마무리할게요."

당신도 의사소통에 뛰어난 사람이 될 수 있다. 그 이유는 뭘까? 당신이 내향적인 사람이기 때문이다. 내향적인 사람으로서 자신의 고유한 강점을 활용하면 어떤 곳에서든 가장 탁월한 커뮤니케이터가 될 수 있다. 누구와 언제 어떤 대화를 나누든 말이다. 당신은 최고의 모습으로 살아갈 수 있다. 당신의 생각과 말을 통해 다른 사람들이 최고의 모습으로 살 수 있도록 도울 것이기 때문이다. 당신은 그 여정을 진정으로 즐기게 될 것이다!

CHAPTER 20

성공보다
중요한 것에
집중하라

✦

몇 년 전, 아내와 함께 르네상스 박람회에 참석한 적이 있다. 야외에서 중세 시대의 삶을 재현하는 행사였다. 마상 시합이 펼쳐졌고 중세 의상을 입은 사람들과 젊고 아름다운 여성들, 구운 칠면조 다리를 물어뜯는 관광객들이 행사장을 돌아다녔다. 각종 부스에서는 장인들이 직접 만든 보석, 예술품, 의류, 장신구 등을 팔면서 지나가는 사람들에게 큰 소리로 인사를 건네고 있었다.

"건장한 젊은이여, 좋은 아침이네. 마침 잘 왔구려!"

어떤 섹션에서는 가벼운 게임이 진행됐다. 동전 몇 개만 있으면 도끼 던지기, 콩 주머니 던지기, 수도사 맞히기, 쿠키 넘기기 등 경쟁 게임 실력을 테스트해 볼 수 있었다. 우리는 시끌벅적한 부스를 지나다니며 대체로 즐거운 시간을 보냈다. 그중에 유난히 관심이 가는 게임이 하나 있었다. 바로 '쥐 경주(역자 주: 쥐들이 먹을 것을 두고 부질없이 경쟁하는 모습에 빗대어, 현대 사회에서 사람들이 극심하게 경쟁하는 상황을 일컫는 말)'였다.

게임은 테이블 위에 수직으로 놓인 1미터 정도 높이의 조악한 나무 미로에서 진행됐다. 아래쪽에는 경첩이 달린 문으로 4개의 칸이 나뉘어 있었다. 조금 떨어진 곳에는 쥐 몇십 마리가 들어 있는 케이지가 놓여 있었다. 각 쥐는 색깔이 다르거나 고유한 표식을 달고 있었으며 게임 참가자 4명이 각자의 쥐를 고르는 방식이었다.

나는 참지 못하고 동전을 낸 뒤, 쥐를 고르고 초조하게 대기했다. 부스 주인이 우리의 쥐를 들고 와 이름이 무엇인지 소개해 줬다. 우리의 쥐는 윈스턴이었다. 쥐 선택이 끝나자 부스 주인이 선택된 쥐들을 하단의 네 구역에 1마리씩 위치시켰다. 출발 신호가 울리면 직원이 가림판을 제거할 테고, 그럼 쥐들은 꼭대기에 달린 음식을 향해 미로를 오를 것이었다.

부스 주인은 에너지가 넘치는 사람으로 게임이 시작하기도 전에 쥐 한 마리 한 마리를 큰 소리로 응원하며 관중을 열광시켰다.

"윈스턴 만세!"

이 응원은 몇 분간 계속됐고, 이내 게임이 시작됐다. 가림판이 제거되자 세 마리의 쥐가 정상에 오르기 위해 경주를 벌였다. 윈스턴은 출발 지점에서 이미 잠들어 버리고 말았다. 응원 시간이 윈스턴에게는 너무 길었던 모양이다.

"나는 쥐 경주에서 패배했다."

참가상으로 작지만 고풍스러워 보이는 종잇조각이 주어졌다. 그 종이에는 "나는 쥐 경주에서 패배했다"라고 적혀 있었다. 나는 이날을 기억하기 위해 지갑 속에 이 종이를 오랫동안 간직했다. 이 이야기는 놀랍게도 모두 사실이다.

내향적이든 외향적이든 사람들은 '쥐 경주'에 휩싸인 채, 사회에서 앞서 나가고 인생에서 존재감을 드러내기 위해 애쓴다. 우리는 서로 경쟁하면서 이익과 지위를 위해서라면 가치관, 신체적 건강, 정신적 건강을 모두 포기하곤 한다. 하지만 이런 경쟁은 바람직하지 않다. 이건 그냥 '쥐 경주'일 뿐이다. 이런 경쟁에서는 아무도 살아서 빠져나올 수 없다.

그렇다고 내 말을 오해하지 말았으면 좋겠다. 나 역시 훌륭한 성과를 내고 영향력이 큰 목표를 달성하고 싶다. 나는 사람들이 인생의 고착화에서 벗어나 변화를 일으키도록 돕는 일에 열정을 쏟고 있다. 이게 내 직업이다. 하지만 이 일은 '쥐 경주'와는 다르다. '쥐 경주'에 매달리다 보면 아드레날린에 중독된다. 결국 아무 목적 없이 움직이게 되며 앞으로 나아가지만 아무것도 변하지 않는다. '쥐 경주'에는 승자가 없다.

하지만 우리는 이런 무한 경쟁에 쉽게 휘말려 무슨 일이 일어나고 있는지조차 모른 채 살아간다. 쳇바퀴에 뛰어들어 달리기 시작하는 쥐와 다를 바가 없다. 쳇바퀴 속 쥐는 에너지를 소모하지만 아무 데도 가지 못한다.

무엇을 위해 성공하려 하는가?

1960년대, 상원 위원회에서 시간 관리에 대한 전문가 증언이 이뤄졌다. 연구자는 기술의 발전으로 인해 시간을 절약할 수 있게 돼 20년 후에는 세상이 근본적으로 달라지리라고 예상했다. 근로자는 주간 근무 시간이나 연간 근무 주수를 대폭 줄여야 할 테고 대부분 계획보다 일찍 은퇴해야 할 것이었다. 앞으로는 여가 시간에 무엇을 할지 정하는 게 커다란 어려움이 될 것으로 보였다.

60년 후 지금, 우리는 3가지 중요한 결과를 관찰할 수 있다.

첫째, 시간 절약 기술은 1960년대 이후 급격히 발전해 왔다.

둘째, 이런 기술이 우리 삶 구석구석에 스며들면서 우리는 그 어느 때보다 바쁘고 다급하며 스트레스를 받고 있다.

셋째, 내향적인 사람은 다른 사람들보다 이런 변화를 더 크게 느끼기 때문에 더 예민해질 수도 있다.

그렇지 않은가? 해야 한다고 생각한 일을 모두 완수하기에 시간이 충분했던 적이 마지막으로 언제였는가? 별로 급하지 않은 사소한 일에도 항상 서두르고 있지 않은가?

빨간불을 보고 차를 멈출 때 차선마다 적어도 한 대씩은 우리보다 앞에 서 있는 걸 발견할 수 있다. 그럼 우리는 그 차들의 제조사와 모델을 보고 신호가 바뀔 때 누가 가장 빨리 출발할지 추측해 그 뒤로 차를 붙인다. 출발이 느린 차를 고르면 좌절한다. 또는 마트에서 계산대마다 늘어선 카트의 수와 각 카트가 얼마나 가득 찼는지에 따라 어느 계산대에 줄을 서야 가장 빠를지 고민하곤 한다.

작가이자 목사인 존 오트버그는 "서두름은 단순히 무질서한 일정만을 뜻하지 않습니다. 서두름은 곧 무질서한 마음이기도 하죠"라고 서술한 바 있다. 그는 이렇게도 말했다.

"우리는 지혜를 대가로 정보를 얻었고, 깊이를 대가로 폭을 얻었습니다. 우리는 전자레인지로 성숙함을 얻으려 하고 있어요."

스티븐 코비 박사는 자신의 선택이 올바른 방향으로 나아갈 수 있도록 최종 목적지를 인지하고 있는 게 중요하다고 썼다.

"우리는 바쁜 일상 속에서 '활동의 함정'에 너무 쉽게 빠지고 맙니다. 성공의 사다리를 오르기 위해 쉼 없이 열심히 일하다가 결국에는 그 사다리가 잘못된 벽에 기대어 있었음을 깨닫게 되곤 하죠."

우리는 그저 '쥐 경주'에서 승리하기 위해 애쓰고 있다.

아이들은 어른들에게 천진난만하게 올바른 질문을 던진다.

"왜 그러시는 거죠?"

왜 우리는 성과에 대한 높은 기대치에 이토록 쉽사리 사로잡히는 걸까? 성과가 만족스러운 삶을 형성하기 위한 재료이기 때문일까? 우리는 돈을 벌기 위해서라는 이유로 과도한 성취를 쉽게 정당화한다. 그렇기 때문에 한 걸음 물러서서 일이 우리 삶 전체에 얼마나 잘 맞는지 뚜렷하게 파악해야만 한다.

코비 박사는 사람들에게 각자의 장례식에서 읽히고 싶은 추도사를 작성해 보라고 과제를 내 주곤 했다. 언뜻 보면 좀 섬뜩해 보이지만, 사람들이 인생에서 가장 중요한 것에 집중해 그걸 놓치지 않도록 돕기 위한 것이다. 이 과제는 삶을 바라보는 관점을 명확히 하는 데도 좋은 연습이 된다. 결국 커리어는 우리의 소중한 인생을 만들어 가는 데 의미 있는 재료지만 그렇다고 유일한 재료는 아니라는 사실을 깨달을 수 있다. 특히 내향적인 사람은 깊고 성찰적인 사고 능력을 타고났기 때문에 이 과제를 더욱 유용하게 활용할 수 있다.

나는 지난 수년 동안 내가 생각하기에 회사에 없어서는 안 될 사람들을 많이 봐 왔다. 조직에 워낙 필수적인 인력이었기에 그들이 없는 회사는 상상조차 할 수 없었다. 그런데 그런 인재들도 다른 회사에서 다른 직책을 맡기로 했다며 이곳을 떠나곤 했다. 그리고 일주일도 안 돼 채용 사이트에 공고가 올라와 지원서를 받고 있었다. 그렇게 빈자리가 채워졌고 우리는 새로운 사람의 방식에 적응해야만 했다. 우리는 전임자와 후임자를 비교하고 불평하기도 했지만 결국 적응하고 앞으로 나아갔다. 사실 얼마 뒤부터 일을 처리하느라 너무 바빠져 전임자는 별로 생각나지도 않았다.

우리는 훌륭한 성과를 내기 위해 열심히 일한다. 하지만 우리의 장례식에서 이런 사실을 기억해 줄 사람은 아무도 없을 가능성이 크다. 사람들은 그저 우리에게 어떤 감정을 느꼈는지만 기억할 것이다. 정말 그렇다면 우리는 어디에 집중해야 하고 어떻게 삶의 균형을 맞춰야 할지 결정을 내릴 수 있다.

목표 없는 달리기는
금방 지치기 마련이다

내향적인 사람이 성공하는 법을 다루는 책에서 왜 이런 이야기를 하는 걸까? 대개 성공이라는 단어는 뛰어난 성과를 위해 모두를 서두르게 하고 다급하게 만들며 스트레스를 유발하는 촉매가 되기 때문이다. 하지만 내향적인 사람은 외향성을 요구하는 업무 환경 속에서도 내향적인 사람만의 고유한 능력을 전문적으로 활용할 수 있다. 우리는 얼마든지 성공할 수 있으며 이 책에서 배운 모든 내용을 바탕으로 최고 수준의 영향력을 발휘할 수도 있다. 즉 강력하고 유능한 내향인이 될 수 있다는 것이다.

그런데 그동안 남은 인생에 주의를 기울이지 않으면 결국 후회의 길을 걷게 될지도 모른다. 죽음을 맞이할 때 "사무실에서 더 많이 시간을 보냈더라면 좋았을 텐데"라고 말할 사람은 아무도 없다. 그래서 이번 장에서는 잠시 멈춰 우리가 하는 모든 일에 정당한 이유가 있는지 확인해 보려는 것이다. 이는 내향적인 사람뿐만 아니라 모든 사람에게 동일하게 적용된다.

그러나 내향적인 사람이 위험에 더 쉽게 빠지는 편이다. 우리는 타인의 시선을 필요 이상으로 예민하게 의식한다. 내향적인 사람은 대개 남을 기쁘게 하고자 하는 성향이 있기 때문에 더 열심히 노력해 성과를 내고 타인에게서 좋은 반응을 얻으려 한다.

자신을 편안하게 받아들이는 법을 배우면서 동시에 타인과 상호 작용하는 기술까지 연마해야 하니 내향적인 사람은 더 힘들 수밖에 없다.

외향적인 사람은 일반적으로 자극이 많은 상황에서 더 활발해진다. 다른 사람들과 어울리기를 즐기며 그런 만남에서 에너지를 얻는다. 외향적인 사람이 자신에게 가장 중요한 것에 장기적으로 집중하는 법을 깨닫고 나면 그 목표를 향해 나아갈 에너지를 자연스럽게 얻을 수 있다. 만약 깨닫지 못한다면 가장 중요한 목표를 결정하고 이를 향해 나아가는 데 어려움을 겪는다.

반대로 내향적인 사람은 혼자 있을 때 자연스럽게 에너지를 얻는다. 사람들과 교류하는 기술을 활용할 수야 있지만 이를 통해 더 많은 에너지를 얻지는 못한다. 오히려 에너지를 소모하고 고갈시키므로 재충전을 위한 혼자만의 시간이 필요해진다. 에너지가 충만하면 삶의 목표를 설정하는 것이 곧 동기 부여가 된다. 내향적인 사람은 깊은 목적에 의해 자극을 받으며, 그런 목적은 우리가 필요할 때마다 재충전하는 이유로 작용한다.

외향적인 사람이나 내향적인 사람이나 모두 뭔가 좇을 수 있는 목표를 앞에 둬야 한다. 개인적으로 너무나 소중해서 계속 노력을 쏟을 만한 것 말이다. 그 뭔가를 찾았을 때 비로소 우리는 진정한 경주에 나설 수 있다

바꿀 수 있는 것과
바꿀 수 없는 것

당신은 더 유능한 사람이 되기 위해 이 책을 집어 들었다. 7가지 미스터 무브를 모두 익힌다고 해도 당신에게 에너지를 불어넣을 목적의식이 없다면 이 책은 아무런 소용이 없다. 당신이 하는 모든 일은 당신이 삶에서 원하는 모습에 더 가까워지는 방향이어야 한다. 그게 바로 우리가 여기서 이 모든 걸 살펴본 이유다. 당신은 100퍼센트 '자신'이 될 수 있다. 당신이 원하는 모습 100퍼센트 그대로 살아갈 수 있으며 당신이 아닌 다른 사람이 되려고 노력할 필요가 전혀 없다.

마지막으로 답을 알아볼 질문이 하나 있다. 어떻게 해야 과거의 관점과 행동으로 돌아가지 않을 수 있을까? 우리가 건강하고 에너지가 넘칠 때는 문제가 없다. 하지만 피로하거나 지루함에 사로잡히거나 매너리즘에 빠질 때 내향적인 사람은 자연스럽게 예전의 사고방식으로 되돌아가곤 한다. 예를 들어 '나는 앞으로 쭉 내향적으로 살게 될 거야'라거나 '그러니까 내가 할 수 있는 일은 별로 없겠지'라는 생각이 든다는 것이다.

하지만 그건 피해 의식일 뿐이다. 스스로를 피해자라고 여길수록 다른 누군가가 우리를 쥐락펴락할 수 있다. 자신이 주변 상황 또는 고유한 기질에 희생됐다 생각하기 때문에 앞으로 할 수 있는 일에 한계가 있을 거라고 잘못된 믿음에 사로잡힌다. 그러다 보면 열정을 갖고 있던 일도 더 이상 가까이 하지 못한다. 피해 의식에 빠지면 이렇게 말하게 된다.

"뭔가가 내 성공과 행복을 방해하고 있는데 내가 할 수 있는 일은 아무것도 없어."

다행히도 우리에게는 '사전 대응'이라는 대안이 있다. 사전 대응은 사후 대응과 정반대의 방식이다. 삶에서 이미 벌어진 일들에 반응하는 대신 긍정적인 결과를 얻기 위해 주도적으로 행동하는 것이다. 대부분의 경우 사전 대응한다는 건 우리가 통제할 수 있는 것은 바꾸기 위해 행동하되 통제할 수 없는 것은 받아들이고 적응하는 법을 배운다는 뜻이다.

평온을 비는 기도를 기억하는가? 라인홀드 니버는 이렇게 썼다.

"하나님, 바꿀 수 없는 것을 평온하게 받아들이는 은혜와 바꿀 수 있는 것을 바꾸는 용기 그리고 이 둘을 분별하는 지혜를 주옵소서."

이 기도문을 곁에 두자. 직장에서든 인생에서든 성공하기 위한 열쇠가 여기에 담겨 있으니 말이다.

▶ 바꿀 수 없는 것을 받아들여라.

지금 이 글을 쓰고 있는 시점에 남부 캘리포니아의 날씨는 여느 때처럼 덥다. 기온이 섭씨 38도를 넘는 무더위다. 우리 부부는 뜨거운 열기를 좋아하지 않는다. 그래서 여름 기온이 섭씨 48도까지 오르는 피닉스에서 11년을 살다가 수십 년 전에 이곳으로 거처를 옮겼다. 우리는 휴가를 갈 때면 보통 서늘한 북쪽으로 가지 햇볕이 쨍쨍 내리쬐는 남쪽으로는 가지 않는다.

나는 바깥이 타는 듯 더울 때는 긍정적인 태도를 유지하기가 어려울 정도로 더위에 취약하다. 무더운 날씨 때문에 한 주를 몽땅 망쳐 낙담하고 분노할 수도 있겠지만, 이 무더위를 두고 내가 할 수 있는 일은 아무것도 없다. 나는 날씨의 희생양이 되고 싶지는 않다. 내가 바꿀 수 있는 게 아니기 때문이다. 그 대신 더위는 삶에서 스쳐 가는 일시적인 현상이라며 의식적으로 받아들이려 했다. 나아가 더위에 적응할 수 있는 신선한 방법을 찾았다. 테라스에서 글을 쓰지 않고 에어컨이 있는 카페에 가서 집중하는 것이다. 야외 운동도 늦은 시간까지 기다리기보다는 해가 뜬 직후로 시간을 잡는다.

일상 속 내적 평화는 우리가 바꿀 수 없는 것을 받아들이는 능력과 직접적으로 관련이 있다. 우리가 통제할 수 없는 사람이나 환경을 두고 계속 화를 내거나 좌절하기만 하면 그런 사람이나 환경의 피해자가 될 수밖에 없다. 이럴 경우 실은 우리의 감정에 대한 통제권을 포기해 버리는 셈이며 결국 꼼짝도 못하고 앞으로 나아가지 못하게 된다. 통제할 수 없는 것들을 받아들이면 자유를 얻을 수 있으며, 저 결에 소모되는 에너지를 긍정적인 결과를 위해 투자할 수 있다.

▶ 바꿀 수 있는 것을 바꾸는 용기를 가지라.

바꿀 수 있는 건 무엇인가? 자, 나는 내향적인 사람이다. 나는 결코 외향적인 사람이 될 수 없으며 외향적인 사람이 되려고 노력하는 것 또한 무의미하다. 대신 나는 내향성을 소중히 여기고 이를 활용하는 법을 배웠다. 동시에 외향성을 중시하는 상황에서 제 몫을 해내는 데 도움이 되는 새로운 기술을 습득할 수도 있다.

내향적인 사람은 쉽사리 이렇게 말하곤 한다.

"나는 내향적이니까 그냥 이 정도로 만족할래. 더 성장할 필요는 없어."

그렇기 때문에 우리의 기질은 변하지 않아도 기술은 변할 수 있다는 걸 깨닫는 데는 용기가 필요하다. 끊임없이 성장하고 역량을 기르는 마음가짐, 이게 바로 내향적인 사람이 성과를 내는 비결이다. 우리가 조직 내에서 가장 매끄러운 커뮤니케이터가 될 필요는 없다. 하지만 기여도와 자신감을 크게 높일 수 있는 기술은 얼마든지 습득해 낼 수 있다.

▶ 바꿀 수 있는 것과 바꿀 수 없는 것을 분별할 수 있는 지혜
  를 얻으라.

바꿀 수 있는 것과 바꿀 수 없는 것을 분별하는 지혜는 어렵지 않게 가질 수 있을 듯하지만 실은 헛발질하는 경우가 많다는 게 문제다. 이를테면 어떤 것들은 우리의 안전지대에 있어서 그리고 항상 그곳에 있어서 바꿀 필요가 없다고 여기기 쉽다. 의식적인 노력을 통해 먼저 이런 것들을 포착하고 인지한 뒤에 맞서 싸워야 한다. 그렇다면 영원히 이렇게 살아야 하는 걸까, 아니면 분별력을 갖추기 위해 더 성장할 수 있는 걸까?

사전에 대응하는 태도를 통해 직장은 물론 직장 밖의 삶에서도 큰 변화를 일으킬 수 있다. 우리는 직장 동료, 비즈니스 파트너, 한집에 사는 사람 등 우리가 만나는 사람들의 피해자가 되지 않겠다고 결정할 수 있다. 이런 결정을 내린다면 우리는 통제 가능한 유일한 존재를 통제하는 셈이다. 바로 우리 자신 말이다. 그리고 그렇게 할 때 우리는 내향적인 사람으로서 풍요롭고 성취감 넘치며 보람찬 삶을 누릴 수 있다.

내향인으로 살아가고 지금의 모습으로 성공하라

이 책을 통해 배운 내용은 다음과 같다.

▶ 세상엔 외향적인 사람만 존재하지 않는다. 그렇게 느껴지더라도 말이다. 외향적인 사람만큼이나 내향적인 사람도 많다.

▶ 영업처럼 외향적인 역량이 중요한 직종에서 일하는 사람들도 있다. 하지만 내향적인 사람도 그런 업무에 열정을 갖고 있다면 자신의 고유한 능력을 활용해 탁월한 성과를 낼 수 있다.

▶ 어떤 사람들은 내향적인 사람보다 외향적인 사람이 더 많

은 팀에서 일하기도 한다. 하지만 내향적인 사람은 그 누구보다 더 크게 팀에 기여할 수 있다.

▸ 누구나 능숙한 기술과 미숙한 기술을 동시에 갖고 있다. 우리는 모두 성장하고 새로운 기술을 익혀야 한다.

▸ 우리는 모두 최고의 자신이 되기 위한 여정에 있다.

▸ 회사는 외향적인 사람을 더 필요로 하는 게 아니다. 그저 매일 최선의 모습으로 일할 수 있는 특별한 개개인이 필요할 뿐이다.

당신만의 여정을 시작하라

내향적인 사람은 자신이 아닌 다른 사람이 돼야 성공할 수 있다고 생각하곤 한다. 사회는 외향적인 역량을 더 중시하기 때문이다. 하지만 이 책에서 밝힌 바와 같이 그건 사실이 아니다. 취업을 하든 창업에 도전하든 자신의 기질을 구성하는 고유한 강점을 활용하면 내향적인 사람도 큰 성공을 거둘 수 있다. 결코 외향적인 사람이 될 필요는 없다. 온전히 존재감을 드러내고 마땅한 자리를 차지하기만 하면 된다.

다음의 2가지를 마스터하면 우리는 모두 성공할 수 있다.

첫째, 외향적인 사람의 세계를 완전히 이해해 이런 환경에서 정확하게 일을 처리하기 위해 무엇이 필요한지 깨닫는다.

둘째, 내향적인 사람의 세계를 완전히 마스터해 자신만의 고유한 강점을 활용해 최대한으로 이바지한다.

이 책은 희망에 관한 책이다. 생존에 관한 책이 아니라 내향적인 사람으로서 우리의 독특함을 인정하고 계발하는 방법을 다룬 책이다. 이 책은 피해자가 아닌 승리자가 되는 법을 이야기한다. 내향인 특유의 강점을 바탕으로 새로운 역량을 길러 어떤 업무 환경에서든지 성공할 수 있도록 하는 책이기도 하다. 모두 외향적인 사람이 되려는 노력을 멈추고 자신의 본모습을 온전히 받아들일 때 가능한 일이다.

여기가 바로 마법이 일어나는 곳이다. 내 목표는 당신이 삶의 목적이 무엇인지 그리고 삶의 모든 영역에서 어떻게 성공할 수 있을지에 대해 명확한 그림을 그리도록 이끄는 것이었다. 어디를 향해 갈지 결정해 다른 누군가의 여정이 아닌 당신만의 여정을 시작해야 한다. 그런 다음 타고난 기질을 활용하고 역량을 길러 그 목표를 달성하기 바란다.

삶이 막바지에 접어들 때 당신은 '쥐 경주'에서 이길 수 없다. 그 경주에서는 승자가 존재하지 않는다. 자신이 아닌 다른 사람이 되려고 인생을 낭비하면 안 된다. 자신의 가장 좋은 모습으로 살고 그 모습을 보여 주는 데 집중하라. 이게 바로 세상에 변화를 가져다줄 수 있는 방법이다!

무한한 꿈을 실현하는 내면의 에너지

내향인만의 무기

인쇄일 2023년 11월 29일
발행일 2023년 12월 6일

지은이 마이크 벡틀
옮긴이 정성재
펴낸이 유경민 노종한
책임편집 조혜진
기획편집 유노북스 이현정 함초원 조혜진 **유노라이프** 박지혜 구혜진 **유노책주** 김세민 이지윤
기획마케팅 1팀 우현권 이상운 **2팀** 정세림 유현재 정혜윤 김승혜
디자인 남다희 홍진기
기획관리 차은영
펴낸곳 유노콘텐츠그룹 주식회사
법인등록번호 110111-8138128
주소 서울시 마포구 월드컵로20길 5, 4층
전화 02-323-7763 **팩스** 02-323-7764 **이메일** info@uknowbooks.com

ISBN 979-11-92300-99-3(03190)